GUÍA BÁSICA PARA
EMPRENDER
LIBRO I SERIE EMPRENDE EN SEMI-AUTOMATICO

Eduardo Velázquez

Testimonios & valoraciones

Cuando uno decide Emprender tiene muchas dudas, lo que realmente vas a necesitas es un mentor y una guía eficiente y –mi querido amigo– Eduardo ha sabido plasmar un camino donde cualquier persona podrá dar un paso a la vez durante su emprendimiento. Recomiendo leer esta guía siempre y cuando se decida ponerlo en practica. - **Geyker Bustamante (@geykerbustamant)**

"Esta Guía práctica me ayudó a conectar con mis pasiones, con el por qué de todo lo que hago y me ayudó a alinear mi visión hacia el futuro a través de ejercicios sencillos e interesantísimos. También me ayudó a entender cuál es la manera correcta de emprender en todos los proyectos que quiero ejecutar. El acompañamiento de Eduardo con esta guía fue el «cherry on the top» de toda la experiencia. 100% recomendado." - **Leslie Amelia Holguín (@leslieamelia)**

"Al ir leyendo la Guía, pude poner en orden cada aspecto de mi emprendimiento. No solo te ayuda a aclarar ideas, también te da una idea de lo que debes seguir mejorando y haciendo para poder dar el próximo paso. Sin duda he visto muchos cambios desde que empecé a aplicarla, tanto en la acción como en mi visión y forma de hacer las cosas" - **María Bastidas (@soymariabastidas)**

"Durante el tiempo que estuve estudiando la Guía, pude descubrir puntos importantes a desarrollar de mi negocio. Fue como dividirlo por partes y entenderlo mejor. Analicé el porqué hacía las cosas de cierta manera y si realmente estaban dando buenos resultados. La ayuda de Eduardo fue primordial; considero que su visión me ayudó mucho a ver mi negocio desde otra perspectiva. Recomiendo 100% este programa, si piensas iniciar un negocio, conocerte como persona o simplemente potenciar algo que ya tengas" – **Natalia Abad (@nab.designs)**

Emprender no es tan sencillo como parece. Son muchos los detalles, las informaciones, los recursos (mayormente tiempo) que se necesitan para desarrollar un proyecto y que este pueda sostenerse en el tiempo. Esta Guía me parece ideal para todo aquel emprendedor que desee potenciar su idea de negocio, adquirir las herramientas e informaciones necesarias para empezar su proyecto con buen pie y además hacerlo de la mano del acompañamiento de Eduardo. – **Katherine Mena (@morenarizada)**

Esta Guía es sumamente valiosa para aquellos que sueñan, para los que tienen una idea en mente y que quieren ponerla en marcha, así también para aquellos que requieran validar su modelo de negocio y crecer. ¡Es el complemento perfecto y práctico para el avance y el desarrollo de los proyectos emprendedores potenciales y nacientes! – **Mayra Holguín (@mayraholguinofficial)**

Copyright © Eduardo Velázquez 2020

Para cursos y recursos: www.eduardvelazquez.com/emprende

Todos los derechos reservados, incluido el derecho de reproducción parcial o completamente en cualquier forma. Esta publicación está protegida por la Ley 65-00 de Derechos de Autor de la República Dominicana y todas las demás leyes internacionales, federales, estatales y locales aplicables, y todos los derechos están reservados, incluidos los derechos de reventa: no se le permite copiar o vender esta Guía a nadie más.

Tenga en cuenta que gran parte de esta publicación se basa en la experiencia personal y en la evidencia anecdótica. Si bien el autor ha realizado todos los esfuerzos razonables para lograr la exactitud completa del contenido de esta Guía, no asume ninguna responsabilidad por errores u omisiones. Además, se debe usar esta información como lo considere oportuno y bajo su propio riesgo.

Es posible que su situación particular no se adapte exactamente a los ejemplos ilustrados aquí; de hecho, es probable que no sean iguales, y debe ajustar su uso de la información y las recomendaciones en consecuencia. Se da por sentado que todas las marcas comerciales, marcas de servicio, nombres de productos o características con nombre son propiedad de sus respectivos dueños, y se utilizan solo como referencia. No hay un respaldo implícito si usamos uno de estos términos.

Finalmente, piense por usted mismo. Nada en esta Guía está destinado a reemplazar el sentido común, el asesoramiento legal, medico u otro profesional, y está destinado a informar y entretener al lector.

ISBN: 979-865432385-9

Portada hecha por Geyker Bustamante.

Dedicatoria

A Lorena. Por ser mi inspiración a crecer cada día.

Pertenece a

Nombre: _____

Teléfono: _____

Instagram: _____

Correo: _____

Empresa creada en este libro: _____

Eduardo Velázquez

Contenido

Testimonios & valoraciones II
Agradecimientos..IV
Introducción V
Cómo llenar esta Guía VII

PASO I:

DEFINIR UNA VISIÓN..0
   Crea tu visión empresarial 1
   ¿Por qué emprendes?.. 5

PASO II:

DISEÑAR LA EMPRESA 8
   Tu idea de negocio 9
   Crea la fábrica de clientes 13
      Lean Canvas 14
      Segmento de clientes, Problema & Solución 17
      Propuesta única de valor, Ventaja injusta & Canales 19
      Métricas clave, Estructura de costos & Flujo de ingresos........... 21
   La producción en la Fábrica 23
   Perfil del cliente ideal 27
   Customer Journey 31
      Customer Journey Macro 31
      Customer Journey Micro 32
   Producto Mínimo Viable 37
   Próximos productos/servicios 39
   Los embudos de venta & la escalera de valor 45
      Los embudos de venta 45
      La escalera de valor 46
   Analiza tu mercado 50
      Paso #1: Medir la demanda activa 52
      Paso #2: Medir la demanda pasiva 53
      Paso #3: Analizar la competencia 55
   Encontrando insights 60
   Experimenta en tu modelo de negocio 65

Desarrollo de la tienda	69
Estructura [SEO] de la tienda online	69
Proceso de desarrollo de la tienda	70
#1 Toma lápiz y papel	70
#2 Instalar el plugin	71
#3 Configurar WooCommerce	72
#4 Cargar productos	76
#5 Checkout	80

PASO III:

HACER UN PLAN DE NEGOCIOS	**82**
Cómo poner la fábrica a funcionar	83
Criterio Mínimo de Éxito (CME)	83
Objetivos del negocio	84
Estrategias de crecimiento y diferenciación	87
Estrategia competitiva genérica	87
Estrategia de crecimiento	88
Estrategia competitiva específica	90
Solo no puedes	92
Estrategias de financiación	94
Un socio inversionista	94
Ahorros	96
Financiamientos	97
Autofinanciamiento	98
Presentación para inversionistas	102
Prepara tu presentación	103
Elementos de la presentación	103
Preparando el lanzamiento	105
Introducción al plan de marketing	119
Objetivos de marketing	122
Automatización y monetización de embudos de venta	127
¿Cómo funciona la automatización del marketing?	127
Embudos de venta aplicados a publicidad online	128
Embudo aumento de notoriedad	130
Embudo mínimo viable estilo Evergreen	131
Embudo de un eCommerce	134
Estrategia de email marketing	135

Cómo crear contenido para redes sociales 136
   Calendario editorial *138*
      Dosificación del contenido 140
   Inbound marketing... *142*
Crea la marca..147
   Formula tu marca... *150*

PASO IV:
DESPUÉS DE EMPEZAR 152

Datos para la optimización 154
   Una breve introducción al Growth Hacking *154*
      Construye un banco de aprendizaje 158
Principales indicadores de desempeño 159
   5 indicadores que toda marca debe medir............................ *161*
      #1: Flujo de efectivo 161
      #2: ROI/ROA...162
      #3: Tasa de conversión en el embudo 164
      #4: Engagement y ventas..166
      #5: Costo de adquisición de clientes (COAC)....................168
   Crea un proceso.. *169*
   Diseña tus indicadores.. *172*
¿Qué hacer si el negocio no funciona? 175
   #1 Diagnostica... *175*
   #2 Planifica soluciones *176*
   #3 ¡Experimenta otra vez! *176*
Resume tus objetivos 179
Reflexión final 181
Anexo I: Tu website 182
Anexo II: Listado de recursos 183

SOBRE EL AUTOR 184

Agradecimientos

En primer lugar, doy gracias a Dios quien, por medio del Evangelio y la obra redentora del Señor Jesucristo, continúa impactando de mi vida en cada área, segundo y lugar.

A mis padres, quienes me modelaron la virtud de la integridad, el trabajo duro, la responsabilidad y el emprendimiento –cada uno en su respectiva empresa–.

A mis amigos y colegas, quienes apoyan incondicionalmente mis ideas emprendedoras y, a su vez, no dudan en retroalimentarme con pasión, veracidad y entrega cada vez.

A todo mi equipo de trabajo.

A ti, quien lees, pues eres la inspiración de esta obra.

Introducción

Cuando hablamos del éxito en la vida surgen muchas definiciones. Esta palabra tiene miles de definiciones, en tanto que es subjetiva, puesto lo que es éxito para uno, no lo es para el otro.

No es así con el fracaso. Hay una definición muy clara de él: fallar en lograr tus metas. Pero el fracaso realmente no es más que un episodio de nuestras vidas, así como una oportunidad de empezar de nuevo.

Para mí el éxito tiene que ver más con el tiempo y la calidad del ingreso que con el dinero: mucha gente tiene lujos en su vida, pero están llenos de deudas. Otros tienen grandes sumas de dinero, pero no lo disfrutan o no tienen salud.

Desde los 24 años estoy viviendo mi definición de éxito: tengo paz financiera, vivo en mi casa y tengo tiempo para disfrutar, servir y descansar. Si estás buscando un libro para ayudarte a convertirte en millonario, lamento informarte que este libro no es para ti.

Si, por el otro lado, estás buscando emprender con y para tener una mejor calidad de vida, así como más tiempo. Este libro puede guiarte a ello.

Emprender cualquier camino es un reto de mucho coraje y determinación. Esta Guía es una mano amiga en tu derrotero hacia una vida mejor. Es una recolección de experiencias, ideas & aprendizajes de años, no solo emprendiendo, sino apoyando a otros a crecer y cumplir sus sueños; ése es nuestro objetivo para contigo.

Por otro lado, este es solo el primer libro de la serie donde aprenderás a darle forma a tu negocio online. Aquí encontrarás más de 20 ejercicios para ayudarte a iniciar a emprender un negocio con varios aspectos automatizados (de ahí el título).

En los siguientes libros de la serie profundizaremos más sobre productividad, cómo trabajar desde casa sin morir en el intento, ventas, servicio al cliente y demás aspectos de desarrollo personal.

Estamos convencidos de que América Latina necesita más hombres y mujeres que emprendan negocios exitosos, así satisfaciendo nuestras necesidades de la manera más moral y económicamente elevada: participando en un mercado libre.

Al decidir emprender, te embarcas en la virtud de servir a otros, pues la única manera de realmente prosperar es satisfaciendo las necesidades de los demás.

Que las páginas de esta Guía te dirijan a un mejor entendimiento de tu emprendimiento. Esperamos que puedas diseñar y discernir el mejor camino hacia tus metas.

A lo largo de estas páginas diseñaremos tu empresa, analizaremos tu mercado y nos plantearemos estrategias y tácticas para lanzarte con fuerza, pues sin acción no hay resultados. ¡Nos vemos en el primer ejercicio! :)

Eduardo Velázquez
(@eduardvelazquez)

Cómo llenar esta Guía

Este es un libro práctico, de ejercicios si se quiere. Se compone de 4 secciones o "Pasos" aglomerados temáticamente para llevarte a construir sistemáticamente tu negocio online.

En la primera sección de guiaremos por una serie de preguntas para ayudarte a definir una **visión empresarial**. En la segunda sección, definiremos tu modelo de negocio utilizando una metáfora: la fábrica de clientes. En la tercera sección, hablaremos de marketing. ¿Cómo darte a conocer y vender en el mundo digital? La automatización ocurre en esta etapa. Por último, hablaremos de qué hacer cuando el negocio no funciona y cómo utilizar datos para hacer crecer tu negocio.

Te recomiendo llenar cada ejercicio con lápiz si tienes la versión impresa. Independientemente de la versión que tengas, ¡tómate tu tiempo para completar cada ejercicio!

Cabe destacar que este libro tiene un curso online donde vamos viendo cada ejercicio uno-por-uno. Si quieres llenar tu guía conmigo, **www.eduardvelazquez.com/emprende**. Por la compra de este libro, tienes un 50% de descuento del curso online. Ve al link anteriormente mencionado o escríbeme a **hola@eduardvelazquez.com** y te daré acceso al descuento.

Una ventaja del curso online es que tendrás acceso a cada ejercicio por separado, en caso de que quieras volver a hacerlos.

¡Accede hoy mismo a la versión digital!

"Mi éxito es mi deber, mi obligación y mi responsabilidad".
– **Grant Cardone**

Paso I:
Definir una visión

Crea tu visión empresarial

Los líderes se caracterizan por tener una visión del mundo. Un líder es una persona con un compromiso claro y preciso de lo que quiere crear para sí, para su familia, para su comunidad, para su empresa, para su país y/o para el mundo. El liderazgo comienza cuando asumes toda responsabilidad por tu vida y por una causa. Esto es lo que vamos a hacer aquí: **crear tu visión personal**.

Vivir desde una visión personal significa vivir mirando hacia el futuro. Significa ser y actuar desde lo que se quiere crear, lograr y/o tener. Esta visión es positiva en esencia, llena de esperanza y posibilidad. Crea una visión personal que te inspire a ti y a otros a trabajar duro por tu negocio; es ese porqué que te empujará a seguir caminando en la dificultad.

> "La fe es la certeza de lo que se espera, la convicción de lo que no se ve." – **Hebreos 11:1**

Un sueño te puede llevar a la culminación o realización de un deseo o pensamiento. Un sueño emprendedor involucra una meta, considerando que la meta es solo un sueño con una fecha. Si quieres lograr algo, primero debes **soñar** y luego **accionar**.

Tu visión, mientras más sencilla la definas, más sencillo será recordarla, comunicarla y lograrla. Hagamos el siguiente ejercicio. Te recomiendo hacer este ejercicio en un momento calmado y sin interrupciones, donde puedas conectar con lo que es más importante para ti, pues puede ser que identifiques o recuerdes tus valores principales.

¿Qué viniste a hacer al mundo? ¿Cuáles son tus propósitos?

1. _____
2. _____
3. _____

¿Cuál es tu visión al emprender? ¿Qué legado quieres dejar?

_____

_____

_____

_____

_____

Si te preguntan "¿Qué somos?" refiriéndose a ustedes como equipo y empresa, ¿qué dirías?

_____

_____

¿Cuál dirías es vuestra misión?

_____

_____

_____

_____

_____

Eduardo Velázquez

Para construir la visión hay tres preguntas esenciales: ¿Por qué hacemos lo que hacemos? ¿Por qué existimos?

_____

_____

_____

¿Cómo luce el éxito para nosotros?

_____

_____

_____

_____

¿Cómo debemos actuar (bajo qué estándar) para asegurarnos el éxito?

_____

_____

_____

_____

_____

¿Cuáles son nuestros valores?

_____

_____

_____

"Ora como si todo dependiera de Dios, pero trabaja como si todo dependiera de ti".

– Dave Ramsey

¿Por qué emprendes?

Te diré la verdad: emprender no siempre es color de rosa. Hay momentos muy dolorosos, de mucha presión e, inclusive, de mucha decepción.

Muchas veces queremos tirar la toalla cuando todo se pone difícil. Pero te digo algo: ¡en esos momentos es donde más duro debes trabajar! La adversidad es riquísima en aprendizajes y oportunidades. Por más dura que sea, puedes crear una visión, unos sueños y unos porqués más grandes que tales circunstancias.

Dios nos da pruebas para hacernos crecer.

Ojo con algo: si la estrategia (el cómo) no te está funcionado, CÁMBIALO. Pero tu visión no. Aunque el cómo no funcione, el qué –si es un qué poderoso, ético, importante, etc.- debes mantenerlo hasta el final. :)

En esta sección vamos a escribir las razones por las cuáles emprendes. Estas razones son tu compromiso para lograrlo: ¿Son tus hijos? ¿Tus padres? ¿Tu comunidad? ¿Tu pareja? ¿Tu iglesia? ¿Tu planeta? ¿O qué?

Es importante siempre tener esto claro, porque emprender puede impactar **POSITIVAMENTE** tu vida.

Extra: Haz un vision board. Esto es crear un mural donde visualizas todos los días estos sueños, estos porqués. Es bien sencillo de hacer: puedes simplemente tomar una cartulina, imprimir las imágenes, pegarlas a allí y ponerla en un lugar donde la veas todos los días.

Haz una lista detallada las razones que te llevan a emprender:

_____
_____
_____
_____
_____
_____
_____
_____
_____
_____
_____
_____
_____
_____
_____
_____
_____
_____
_____

De estás razones, ¿cuáles son las más importantes? **¡Resáltalas!**

"Las personas rara vez tienen éxito a menos que se diviertan con lo que están haciendo".

– Dale Carnegie

Paso II:
Diseñar la empresa

Tu idea de negocio

Sea que ya tienes tu negocio funcionando, una idea definida o no sabes en qué emprender, detectar ideas de negocios aplica para todos, pues siempre podemos innovar y aprender.

Decidirte por cuál idea de negocio te vas –si es que no tienes una ya–, puede llegar a ser un proceso largo. El secreto para sobrevivir a esta etapa es ser constantes: manteniendo la organización y la búsqueda puedes llegar a desarrollar una idea de negocio sólida con muchísimo potencial.

A continuación te detallo algunas fuentes de información e inspiración para la detección de ideas de negocios[1]:

Tu imaginación. Quizás seas una persona sumamente creativa y con capacidad de observación. Quizás sabes de una necesidad de tu entorno o de un nicho y sabes que están dispuestos a pagar por ello. Quizás algo que te pasó te llevó a darte cuenta de una necesidad no satisfecha en tu país.

Dolores & deseos. Una manera de validar dichas necesidades es escuchándolas. A menudo son transmitidas como críticas, otras veces como aspiraciones o deseos. A lo mejor un producto o servicio de los que tú puedes ofrecer, dé solución a dicha necesidad que tanto escuchas.

Escuchar quejas y preguntar. ¡Lo mismo con las quejas! Quizás un producto o servicio pueda solucionar esa queja que tanto escuchas. Preguntarle a otro puede llevarte a una gran idea.

---

1 Boluda, J. (2018). Guía del Emprendedor. Madrid.

Brainstorming entre amigos o colegas. Muchas ideas pueden surgir en una lluvia de ideas con gente cercana a ti.

Aprovechar negocios de temporada. ¿Qué se vende en Navidad? ¿O en Verano? ¿Qué producto está de moda? Hay muchas oportunidades en los negocios de temporada.

Viajar. ¿Hay algo en otro país, en otro mercado, que pudiera tener éxito en el tuyo? O viceversa: ¿Hay algo en tu país que pudiera tener éxito en otro mercado?

Datos oficiales o estudios de mercado. Estos son publicaciones que hacen los Institutos de Estadística, los bancos centrales u organizaciones internacionales. En esos estudios, puedes identificar si hay algún mercado en crecimiento, si hay alguno nuevo o cómo va cambiando y/o creciendo una población.

Las noticias. Las noticias (sean en TV, en el periódico o algún otro medio) son una fuente rica de información. Si las lees con los lentes emprendedores, podrás identificar muchas necesidades y nichos de mercado.

Te invito a hacer estos ejercicios aun tengas tu idea definida, puesto que puede ayudarte a darle más forma. Al terminar de definir tus ideas, vamos a analizarlas para que la desarrolles a lo largo de esta Guía.

¿Cuál es tu idea de negocio? Describe aquí tu idea de negocio

_____
_____
_____

Concretamente, ¿qué problemas resuelve o resolvería dicha idea?

1. _____
2. _____
3. _____

¿A quién o quiénes va dirigida? Describe el segmento o nicho de mercado a quiénes va dirigida esta idea.

_____

¿Cuántas horas te tomaría lanzar un Prototipo o Producto Mínimo Viable (PMV)?

_____
_____

Precio de ventas aproximado: _____

Objetivo de facturación mensual: _____

Gastos aproximados: _____

Punto de equilibrio: ¿Cuánto debes vender para que tus pérdidas sean cero? Es decir, ¿Cuántas ventas cubren el 100% de tus costos?

Punto de equilibrio: _____

Responde sí o no a las siguientes preguntas

¿Tienes experiencia en esto o conoces esta industria?
Sí   No

¿Tienes una audiencia creada o prospectos que comprarían esta idea?
Sí   No

¿Tienes tiempo para realizarla?
Sí   No

¿Cuentas con el capital y/o los recursos necesarios para empezar?
Sí   No

¿Necesitas un socio para ejecutar esta idea?
Sí   No

¿Tienes la capacidad técnica de ejecutar esta idea?
Sí   No

Crea la fábrica de clientes

Si fuéramos a equiparar el emprendimiento con la construcción de un edificio, el modelo de negocio es el plano donde, previo a la edificación, se establecen las dimensiones, detalles y magnitudes del edificio. Para diseñar los planos de tu empresa vamos a utilizar la metodología Lean Canvas creada por Ash Maurya e inspirada en el trabajo de Alex Osterwalder.

El Lean Canvas es una plantilla para el diseño de una empresa en una sola página, de una manera sencilla, rápida, concisa y efectiva. Este esquema de modelo de negocios te permitirá tener mucha claridad en la construcción de tu empresa, tanto para uso interno como externo (por ejemplo, en la búsqueda de inversiones).

Este modelo de negocio es el fundamento de la metáfora que hemos utilizado aquí: **la fábrica de clientes**. El modelo de negocio te ayudará a definir cómo convertir personas desconocidas en clientes felices. De hecho, una de las métricas más importantes –por no decir que es la más importante– de una empresa esa la tasa en la que dicha conversión se da.

Si bien muchos factores influyen en la sostenibilidad de un negocio, estos se mantienen cuando pueden conseguir y retener la mayor cantidad posible de clientes felices y satisfechos.

Así pues, primero definiremos el **Lean Canvas** y luego **Producción en la Fábrica**.

Lean Canvas

Este Canvas se compone de nueve (9) elementos[2]:

Problema: Se refiere al problema que padece tu cliente y que pretendes solucionar con tus productos/servicios.

Solución: Se refiere a las características principales de tus productos o servicios.

Propuesta única de valor: Se refiere a lo que tu empresa va a ofrecer para satisfacer dichas necesidades y lo que te hace especial/diferente.

Ventaja injusta: Se refiere a lo que tienes tú que no tienen los demás, lo que te hace único, lo realmente difícil de copiar, lo que te diferencia.

Segmento de clientes: Se refiere a tu segmento mercado objetivo, a tu nicho, al consumidor de tus productos/servicios.

Canales: Se refiere a los medios por los cuales vas a ofrecer tus productos/servicios y la cadena de valor tras los mismos.

Métricas clave: Se refiere a los indicadores claves para medir el desempeño de tu negocio.

Estructura de costos: Se refiere a los tipos de gastos principales que va a tener tu negocio.

---

[2] Prim, A. (2016). Lienzo Lean Canvas explicado Paso a Paso y con Ejemplos. Enero-03-2019, de Innokabi Sitio web: https://innokabi.com/lienzo-lean-canvas-el-lienzo-de-los- emprendedores/

Flujo de ingreso: Se refiere a las fuentes de ingreso de tu negocio, las actividades generadoras de dinero de la empresa.

Es de suma importancia validar tu modelo de negocio. Puede ser que estés en un negocio completamente distinto al que tienes en mente. Al llenar los próximos ejercicios, te invito a, primero, hacerlo con calma y la mayor objetividad posible y, en segundo luar, a validar dicho modelo de negocio, tanto con tus clientes potenciales (preguntando y observando, hablaremos más sobre esto en el ejercicio de Producto Mínimo Viable) como mediante una investigación de mercado.

Este ejercicio tiene la particularidad de que puedes llenarlo en el orden que te parezca mejor. El orden presentado aquí es preferencia del autor, no una obligatoriedad. Siéntete libre de seguir el orden de llenado de tu preferencia.

"No preguntes qué es lo menos que puedes hacer. Pregunta qué es lo más que puedes aguantar".
– Tom Bilyeu

Segmento de clientes, Problema & Solución

Segmento de clientes: De la idea de negocio de elegiste y de la información que recopilaste, ¿A cuál mercado te diriges? ¿Cuál es tu segmento mercado o nicho? ¿Quién es ese consumidor al consumidor que apuntas? ¿Son varios?

Descríbelo con el mayor detalle posible. Mientras más claro lo tengas, mejor.

Problema: ¿Qué necesita tu cliente? ¿Cuáles problemas pretendes solucionar con tu negocio? En su respectivo cuadro, enlista los tres (3) principales problemas. Además, identifica y escribe las alternativas que actualmente tú consumidor utiliza para satisfacer dichos problemas.

Solución: ¿Cuáles son las principales características de tus productos/servicios? ¿Cómo propones solucionar dichos problemas?

Enlista estas tres características.

Segmento de clientes

Problema

Solución

Propuesta única de valor, Ventaja injusta & Canales

Propuesta única de valor: En una frase simple, concreta y clara, explica qué te hace especial y lo que ofreces para satisfacer las necesidades de tus clientes.

Ventaja injusta: ¿Qué tienes tú que no tienen los demás? ¿Qué te hace único? ¿Qué te diferencia?

Enlista con detalle cada ventaja.

Canales: ¿Cómo tu consumidor accederá a tus productos/servicios? ¿Internet? ¿Una tienda? ¿Se los vas a enviar a su casa? ¿Cómo?

Describe con detalle cada canal.

Propuesta única de valor

Ventaja injusta

Canales

Métricas clave, Estructura de costos & Flujo de ingresos

Estructura de costos: ¿Cuáles son los principales gastos de tu negocio? ¿Producción? ¿Publicidad? ¿Transporte? ¿Personal? ¿Desarrollo?

¡Enlístalo!

Flujo de ingreso: ¿Qué genera dinero en tu negocio? ¿Ventas online? ¿Publicidad? ¿Servicios? ¿Royalties?

¡Enlístalo!

Métricas clave: ¿Cuáles son esos indicadores claves de desempeño (en inglés, KPI) de tu negocio? ¿Cómo vas a medir tu progreso?

¡Enlístalo!

Estructura de costos

Flujos de ingreso

Métricas clave

La producción en la Fábrica

En el ejercicio anterior creamos *la fábrica de clientes*, es decir, el modelo de negocio. Ahora toca saber cómo vamos a evaluar su producción. Si visualizamos una fábrica de textiles –por ejemplo, en primer lugar se diseña, luego se construye y luego se pone a funcionar. Ahora nos toca ponerla a funcionar.

En este ejercicio crearás un **Embudo Pirata** para construir la línea de producción de tu fábrica y poder medir su rendimiento[3].

Quizás suene gracioso, pero a este embudo se le llama así por sus siglas en inglés: **AARRR**.

Embudo Pirata "AARRR"

Nombre	Traducción
Acquisition	Adquisición
Activation	Activación
Retention	Retención
Revenue	Ingresos
Referral	Referimiento

Desglosemos cada una de estas:

Adquisición: Este es el primer reto que toda empresa tiene, pues consiste, en primer lugar, que haya una interacción con tu oferta

---

[3] Ash Maurya. (2017). Scaling Lean.

de valor y, en segundo lugar, que pase la primera acción de registro (por así decirle).

Te lo ilustro con una página web: la adquisición consistiría en generar tráfico a una página web **para que descarguen un recurso gratuito (lead magnet)**. De manera simple, la adquisición es llevar a la persona de ser un desconocido a ser un prospecto interesado.

Activación. Digamos que tu negocio es una aplicación donde ofreces una prueba gratis de 14 días. **La activación consiste en que, luego de que el usuario cree su cuenta gratis (la adquisición), entonces la use**. ¿Alguna vez has descargado una aplicación que nunca has utilizado? Eso quiere decir que la adquiriste, pero no la "activaste".

Este paso debe medirse bajo una serie de criterios, los cuales debes definir conforme tu negocio. Tu meta es cerrar la brecha entre tu oferta de valor y la primera experiencia o interacción que tiene el usuario o prospecto contigo… con la mayor brevedad posible.

Imagina que compras una aplicación y dura una semana en llegarte. ¿Cuál sería tu impresión de ella?

Retención: Con toda probabilidad el generar una mala primera impresión afectará la tasa de retención, es decir, poca gente se quedará utilizando tu aplicación (siguiendo nuestro ejemplo).

Antes de que puedas obtener valor de tu cliente, deberás crear para él primero. Y mientras más tiempo dure ahí dentro, aumentan las probabilidades de que compre.

Es como ir a trabajar a un café: es más probable que compres si duras 4 horas allí dentro que si sólo duras 5 minutos.

Cabe destacar que no basta con que estén dentro de tu fábrica por tiempo prolongado, pues con el tiempo se aburren y buscan otra solución si en esta etapa no se le invita a tomar acción.

Revenue. Como ya te imaginarás, la acción que debes invitar a hacer a la gente que esté en la etapa de retención, es a que compren o adquieran una oferta.

Referral. Por último, mientras creas felicidad para tus clientes, algunos de ellos van a compartir sus experiencias con otras personas. Antes de que alguien te recomiende a otras personas, primero deberás crear valor para ellos.

Una recomendación positiva puede traerte otros clientes.

Importante: Veamos aspectos claves sobre este embudo:

- Estas cinco etapas **no necesariamente son lineales**. Por ejemplo, alguien pudiera referirte en la etapa de retención. Es más bien **un ciclo**.
- Se trata de crear emociones en cada etapa, así como guiar hacia la siguiente.
- Dicho ciclo puede verse de la siguiente manera: al pasar más tiempo con tu producto (retención) genera mayor valor monetario (revenue) y habla bien de tu producto (referimiento).

Ahora definamos tu Embudo Pirata. En tu modelo de negocio, ¿qué significa *adquisición*? Marca una opción

a. Registro en un landing page o descarga de un recurso gratuito
b. Creación de cuenta gratuita o período/producto de prueba
c. Creación de una cita para reunión presencial o llamada
d. Otro: ¿Cuál? _____

¿Cómo vas a medir la *activación*? Define aquí cuáles acciones deben tomar tus prospectos para considerarlo una activación y qué harás para que esto pase:

_____
_____
_____

¿Cuánto tiempo de uso y/o interacción debe pasar para considerarse una *retención*? _____

¿Cómo les invitarás a comprar? ¿Qué debe pasar antes de que hagas tu oferta? ¿Qué pasa luego de que hagan la compra?

_____
_____
_____

¿Cómo les invitarás a que te refieran?

_____
_____
_____

Perfil del cliente ideal

La claridad y el enfoque son de los secretos del éxito empresarial. Para toda empresa es sumamente importante –por no decir imprescindible– tener en lujo del detalle definición de cuál es su público objetivo. En este ejercicio vamos a crear un perfil de tu consumidor ideal en un ejercicio llamado **Buyer Persona**[4]. Luego profundizaremos en ello con otro ejercicio llamado **Customer Journey**.

El Buyer Persona es **una representación ficticia de tu consumidor ideal**. Ese ejercicio consiste en delimitar las características principales del mismo. Si cuentas con información precisa (por ejemplo, qué canales siguen en YouTube), mejor.

Se trata de comprender cómo es y vive tu consumidor ideal. Imagina un día en su vida normal, ¿Cómo es? ¿Cómo se comporta en el trabajo, en su familia, en su comunidad, en su vida social, etc.?

Hay muchas maneras de construir este perfil. Nosotros utilizaremos uno planteado por Russell Brunson (emprendedor norteamericano), quien desarrolla el concepto de la **Fórmula Mágica** siguiendo cuatro preguntas: *¿Quién es tu cliente ideal? ¿Dónde se encuentra? ¿Cómo vas a captar su atención? ¿Hacia dónde quieres llevarlos?*

Seguimos estas preguntas porque en uno de los próximos ejerccios construiremos una **Escalera de Valor**, lo que es una

---

[4] Inbound Cycle. (2016). Qué es el buyer persona. Enero 5 2019, de Inbound Cycle Sitio web: https://www.inboundcycle.com/ buyer-persona

manera de organizar tus productos y servicios de manera que permita añadir valor a nuestro consumidor en distintos niveles según su necesidad y/o capacidad de pago[5].

Estos ejercicios los vemos con mayor profundidad en nuestro **Curso de Ventas**.

¡Accede hoy mismo en **www.eduardvelazquez.com/emprende**!

Importante: Más a allá de responder cada una de las siguientes preguntas con detalle, trata de incluirlas en una respuesta global sobre quién es tu consumidor ideal.

---

[5] Brunson, R. (2014). Dotcom Secrets. New York.

Empecemos a crear el Buyer Persona. Responde las siguientes preguntas: ¿Quién es tu cliente ideal?

- ¿Con quién quieres trabajar?
- ¿Cómo se llama?
- ¿Cuántos años tiene?
- ¿Cuál es su clase social?
- ¿Cuál es su género?
- ¿Cómo es su estilo de vida? ¿Cómo luce?
- ¿Cuáles son sus pasiones, intereses y aspiraciones?
- ¿Cómo se comporta en internet? ¿Y trabajando?
- ¿Cuáles retos tiene? ¿Qué le preocupa?
- ¿Cuáles son sus valores? ¿Cómo es su actitud?

¿Dónde se encuentra?

- ¿En Facebook? ¿En Instagram? ¿En una comunidad?
- ¿Son más de audio, de video o de texto?
- ¿Hacen alguna actividad particular: deportes, hobbies, juegos, etc.?
- ¿Dónde reside?

¿Cómo vas a captar su atención?

- ¿Un libro? ¿Audio (radio, podcasts, etc.)? ¿Video (IGTV, YouTube)? ¿Eventos? ¿ebooks, artículos en un blog? ¿Cómo?

¿Hacia dónde quieres llevarlos?

- Al final del camino, ¿hacia dónde llegaron luego de haber trabajado contigo o adquirido tus productos?

Escribe aquí tus respuestas:

Customer Journey

En este ejercicio vamos a diseñar **un mapa de todo el proceso que acontece desde tu consumidor ideal tiene un problema hasta que hace la compra**.

Este ejercicio forma parte del **Design Thinking**. Sirve para el diseño de la experiencia del usuario en el software, así como para estructurar tu proceso de ventas en la empresa.

Además, esta herramienta ofrece insights que te permite entender y encontrar oportunidades en los puntos de contacto o interacción del cliente (o prospecto) con tu plataforma o negocio. Esto te permitirá generar empatía con tus usuarios.

En ese ejercicio haremos un mapa macro y uno micro para tu principal producto o servicio.

Customer Journey Macro

Le llamamos macro a este mapa porque inicia en el momento que tu cliente ideal tiene un problema e inicia a buscar una solución. Como veremos, el micro inicia solo desde el momento en que interactúa con tu marca.

Así pues, este mapa se compone de seis pasos:

#1. El usuario tiene un problema y hace consciencia de esto.

#2. Busca una solución, por ejemplo, en redes sociales o motores de búsqueda. También puede preguntar a alguien más.

#3. Encuentra tu solución mediante uno de los canales de comunicación de tu empresa, esta persona da contigo.

#4. Interactúa y consume información: pregunta, lee los reviews, mira videos, etc.

#5. Decide: Toma una decisión de si comprarte o no. Si sí, pasará al próximo paso.

#6. Compra, es decir, adquiere tu producto o servicio.

Habrás notado que este ejercicio se parece mucho al Embudo Pirata que utilizamos en el diseño de la Fábrica de Clientes. De hecho, pudieras tomar la misma información de dicho ejercicio y ponerla aquí para fines de **identificar las emociones que siente el cliente en cada etapa**.

Customer Journey Micro

Por si te preguntas por qué hacemos este ejercicio si ya lo hicimos anteriormente. La respuesta en sencilla: **ahora lo haremos para cada producto o servicio**, pues anteriormente hicimos una ruta macro del negocio. Descarga la plantilla del Customer Journey Micro en **www.eduardvelazquez.com/emprende**.

De los pasos anteriores tomaremos desde el #4 en adelante. Mientras que en el paso anterior definimos de manera más global, aquí definiremos más específicamente qué actividades o con cuáles elementos va a interactuar tu posible cliente.

- **Interacción**: ¿Qué información verá primero para causar una buena impresión? ¿Qué información verá luego? ¿Cómo se pondrá en contacto con nosotros?
- **Decide**: Cuando decide comprar, ¿qué debe hacer?
- **Compra**: ¿Cómo completa su pago? Una vez lo hace, ¿qué pasa

Identificar las emociones

En nuestro mapa tendremos dos ejes de análisis: uno de experiencias positivas y otro de experiencias negativas. La clave está en identificar los sentimientos que evoca cada elemento o actividad del Customer Journey.

Haz este ejercicio con un potencial usuario o cliente de confianza, pregúntale cómo ha sido su experiencia y cómo se ha sentido. Cabe destacar que cuando vayas a diseñar un producto o servicio cada impresión **debe ser excelente.**

Una vez lo hayas hecho, toca hacer un plan de acción para mejorarlo, es decir, para mitigar dichas experiencias negativas lo más posible, sobre todo, elaborando una estrategia de contenidos para ello (los cuales pueden ser automatizados). **También añade los puntos de dolor de tu Customer Journey a tu Buyer Persona.**

#1. El usuario tiene un problema: Escribe aquí cuál(es) son esos y cómo se siente al respecto:

_____
_____
_____

_____
_____
_____

#2. Busca una solución: ¿Por cuáles vías lo hace? ¿Qué información quiere encontrar?

_____
_____
_____
_____
_____

Emociones que siente en esta etapa: _____
_____

Identifica los puntos de dolor y de satisfacción

#3. Encuentra tu solución: Ok. Dio contigo. **Primero**, ¿mediante cuál canal de comunicación lo hizo (si redes, website, YouTube, etc.)? **Segundo**, ¿cuál información le mostraste?

_____
_____
_____
_____
_____

Emociones que siente en esta etapa: _____
_____

Identifica los puntos de dolor y de satisfacción

#4. Interactúa: ¿Cómo el usuario debe interactuar contigo? Elige todas las que apliquen:

a. Suscribirse, seguirte o adquirir algún material gratuito
b. Comentar, chatear y/o llenar un formulario
c. Llamar
d. Otro: _____

Asimismo, ¿cuál contenido o información le mostrarás en dicha interacción?

_____
_____
_____

Emociones que siente en esta etapa: _____

_____

Identifica los puntos de dolor y de satisfacción

#5. Decide y compra: ¿Cuáles elementos, informaciones y llamados a la acción le ayudarán a tomar una decisión de comprar? ¿Cómo debe pagar?

_____
_____
_____

Emociones que siente en esta etapa: _____

_____

Identifica los puntos de dolor y de satisfacción

"Usualmente el éxito viene a quienes están muy ocupados buscándolo".
– **Henry David Thoreau**

Producto Mínimo Viable

También conocido como prototipo, un Producto Mínimo Viable (MVP, en inglés) es una versión inicial de un producto lo suficientemente desarrollado como para satisfacer las necesidades básicas de los clientes iniciales, facturar, y, a su vez, recibir retroalimentación del mismo para desarrollarlo en un futuro.

De hecho, el MVP te sirve para validar[6] con la menor cantidad posible de recursos dicho producto, pues previo a la validación solo se tiene una hipótesis, es decir, preguntas pendientes de respuesta sobre si dicho producto funcionaría o no. Otro beneficio que tiene es que te permite equivocarte pronto y barato: en poco tiempo habrás aprendido lo suficiente como para poder comprender mejor el mercado y adaptar el mismo a sus necesidades.

Emprender no suele ser una línea recta. Por lo general, se fracasa hacia el éxito. Es muy frecuente ver emprendimientos que iteran (cambian) su modelo de negocio mientras lo van puliendo hacia una mejor versión.

Este MVP te servirá para cambiar el cómo (la estrategia), pero mantener el qué (el objetivo). Recuerda: en este proceso la flexibilidad es muy importante, puesto que estarás probando (testeando) el mercado con la intención de aprender de él.

---

[6] Entendiendo validar como una confirmación de que el mercado lo quiere en ese formato, con esas funciones o beneficios, que le gusta, que lo entiende, que lo compraría, que tiene un precio atractivo, etc.

Describe cómo será el primer prototipo o MVP de tu negocio:

_____
_____
_____

¿Cuál es la principal hipótesis a validar con este MVP?

_____
_____
_____

¿Qué tiempo te tomará crearlo y lanzarlo? _____

¿Qué presupuesto o inversión requiere? _____

¿Qué tiempo de prueba le darás? (Máx. 8 semanas) _____

¿Cómo vas a solicitar y analizar retroalimentación de este MVP? ¿Por cuáles vías?

_____
_____
_____

¿Cómo sabrás si este MVP está funcionando? ¿Cuáles indicadores vas a medir?

_____
_____

Próximos productos/servicios

Para construir tu oferta de valor, con el mayor detalle debemos diseñar de manera diáfana y precisa lo que vendemos, es decir, tus productos y/o servicios. En el ejercicio anterior definiste el MVP. A no ser que ese sea tu único producto, ahora toca definir los otros.

Por ello, a cada producto y/o servicio, le vamos a definir las siguientes áreas:

Nombre: Nombre tentativo o real del producto o servicio.

¿Qué es?: ¿Es un producto o un servicio? ¿De qué tipo?

Público objetivo: Target, nicho, grupo de personas que necesitan y/o tienen interés en adquirir este producto o servicio.

Precio: Precio absoluto o rango de precio del producto o servicio en el mercado. ¿A cómo lo vendes?

Método de pago: ¿Cheque, efectivo o tarjeta? ¿Al contado, a 30 días? ¿En un sólo pago antes de consumir o con un inicial del 60%?

Variaciones: Modelos preestablecidos del producto o servicio.

Plazas: ¿Dónde lo vendes o venderás? ¿En tiendas? ¿En un eCommerce? ¿En Amazon? ¿En el App Store? ¿En Instagram?

Propuesta única de ventas: En una frase, ¿qué valor añade este producto o servicio? ¿Qué ofrece? ¿Qué le hace único y atractivo?

Principales beneficios: Lista de los principales beneficios de comprar o adquirir este producto o servicio.

Alcance o límites: Detalle de hasta dónde llega este producto o servicio.

Detalle del Producto #1

Nombre: _____ | **¿Qué es?** _____

Público objetivo: _____

Precio: _____ | **Método de pago**: _____

Variaciones:

1. _____
2. _____
3. _____

Plazas: _____

Propuesta única de ventas: _____

Principales beneficios:

1. _____
2. _____
3. _____

Alcance o límites:

_____

_____

_____

Detalle del Producto #2

Nombre: _____ | **¿Qué es?** _____

Público objetivo: _____

Precio: _____ | **Método de pago:** _____

Variaciones:

1. _____
2. _____
3. _____

Plazas: _____

Propuesta única de ventas: _____

Principales beneficios:

1. _____
2. _____
3. _____

Alcance o límites:

_____

_____

_____

Detalle del Producto #3

Nombre: _____ | **¿Qué es?** _____

Público objetivo: _____

Precio: _____ | **Método de pago:** _____

Variaciones:

1. _____
2. _____
3. _____

Plazas:
_____

Propuesta única de ventas: _____

Principales beneficios:

1. _____
2. _____
3. _____

Alcance o límites:
_____
_____
_____

Detalle del Producto #4

Nombre: _____ | **¿Qué es?** _____

Público objetivo: _____

Precio: _____ | **Método de pago**: _____

Variaciones:

1. _____
2. _____
3. _____

Plazas: _____

Propuesta única de ventas: _____

Principales beneficios:

1. _____
2. _____
3. _____

Alcance o límites:

_____

_____

_____

Detalle del Producto #5

Nombre: _____ | **¿Qué es?** _____

Público objetivo: _____

Precio: _____ | **Método de pago:** _____

Variaciones:

1. _____
2. _____
3. _____

Plazas: _____

Propuesta única de ventas: _____

Principales beneficios:

1. _____
2. _____
3. _____

Alcance o límites:

_____
_____
_____

Los embudos de venta & la escalera de valor

Los embudos de venta

De acuerdo con Ana Ivars, los embudos de marketing son **sistemas** compuestos por una serie de elementos que tiene el objetivo de crear una **relación, educar y hacer vivir una experiencia** única al usuario de forma que lo lleve a la acción.

El punto es crear una relación con la audiencia durante el proceso de ventas.

Cuando trabajemos el plan de marketing diseñaremos el tuyo, el cual medirás utilizando el embudo pirata. Mientras tanto, es importante que tengas este concepto en mente mientras desarrollas tu oferta comercial, puesto que uno de los secretos del marketing de Russell Brunson es **crear el marketing antes que el producto**, pues cuando entiendas cómo puedes venderlo, entonces harás una oferta mejor.

Ya a este punto tenemos nuestros productos y servicios definidos. Quizás con el ejercicio a continuación se te ocurra otro o hagas algunos cambios.

Revisa los productos o servicios que acabas de definir y pregúntate *¿Realmente entiendo cómo vender esto?* Si no, tranquilo. Lo trabajaremos más adelante.

La escalera de valor

¿Te has preguntado cómo vas a estructurar tus productos y/o servicios? Para responder esto, vamos a crear una escalera de valor.

Escalera de valor: Método de organizar tus productos & servicios en una serie de etapas o escalones, donde mientras más valioso es, mayor precio tiene y se contempla un ingreso recurrente.

Escalón #1: Atractivo o lead magnet: Se refiere a lo que vas a utilizar para captar su atención. Esto puede ser un libro, un podcast, videos, eventos gratuitos, servicios gratuitos, ebooks, etc.

Escalón #2: Oferta inicial: También conocido como "frontend", se refiere a lo primero que ofreces de pago a tu consumidor ideal. Imagina una tienda, esto sería una oferta en una vitrina. Esta primera oferta debe ser llamativa, valiosa y de bajo costo.

Escalón #3: Oferta media: Es el tercer escalón de tu escalera de valor, la etapa media de la misma. Dígase, tu consumidor ya pasó por tu oferta inicial y todavía no llega a tu último producto o servicio.

Escalón #4: Oferta final: Se refiere a tu producto/servicio más valioso y más costoso. Hasta aquí es que quieres traer a tu consumidor ideal. Con esto concluyes tu oferta.

Oferta recurrente: Es un producto o servicio que te genera ingresos recurrentemente como parte de tu escalera de valor.

Tres cosas a tener en cuenta:

- ¡Puedes tener tantos escalones como quieras!
- Tus clientes pueden empezar en cualquier escalón de la escalera. Pero tu objetivo es que inicien por el primero.
- La escalera no está completa sin el ingreso recurrente. Si no tienes uno, ¡créalo!

Pongamos un ejemplo de un dentista que va llevando a sus clientes a través de su escalera de valor en la medida que concluyen cada etapa:

Escalón #1: Atractivo o lead magnet | **Producto**: Limpiezas ofrecidas en un cupón promocional. | **Precio**: Gratis

Escalón #2: Oferta inicial | **Producto**: Tratamiento de caries. | **Precio**: $20 dólares cada una.

Escalón #3: Oferta media | **Producto**: Ortodoncia | **Precio**: $1,000 dólares cada una.

Escalón #4: Oferta final | **Producto**: Estética y embellecimiento de la sonrisa. | **Precio**: $6,000 dólares cada una.

Oferta recurrente | **Producto**: Seguimiento a la ortodoncia, una cita mensual. | **Precio**: $40 dólares cada una.

Recuerda: Puedes acceder al Curso de Ventas en **www.eduardvelazquez.com/emprende** para profundizar el tema.

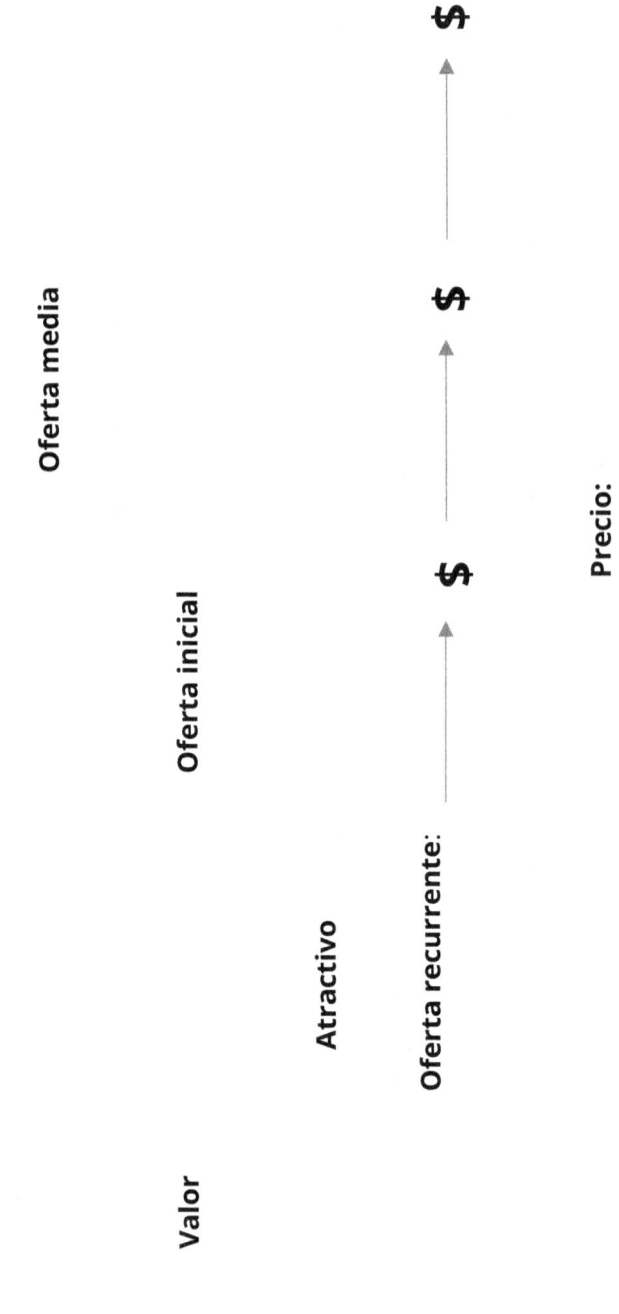

Escribe aquí los detalles para cada escalón.

Escalón #1: El atractivo

_____

_____

_____

Escalón #2: Oferta inicial

_____

_____

_____

Escalón #3: Oferta media

_____

_____

_____

Escalón #4: Oferta final

_____

_____

_____

Oferta recurrente

_____

_____

Analiza tu mercado

Todo producto o servicio tiene competencia. Inclusive aquellos que son innovaciones en un mercado, puesto que hay competencia directa e indirecta. Una competencia directa –a grosso modo– es aquella que vende un producto o servicio similar al tuyo (o de la misma categoría) a la misma población o una parecida; se disputarían la proporción del mercado. Por otro lado, la competencia indirecta puede ser un negocio parecido al tuyo o de otra categoría totalmente opuesta.

Un ejemplo. La competencia directa del Cine A, es otro cine. La competencia indirecta de dicho cine es el Teatro B: es un cine por igual que ofrece productos y servicios distintos a una población distinta. Pero esta no es la única competencia indirecta (ni la mayor) del Cine A; ésta es el bar. El bar es la mayor competencia del cine en la población adulta-joven, puesto que un sábado en la noche se debaten si ir a uno u al otro. Un competidor es todo aquello que desvía la atención y recursos de ti hacia ellos.

En sentido general, analizar tu mercado consiste recopilar información sobre el tamaño del mercado (qué tanto volumen de ventas mueve ese mercado), datos sobre el consumidor (quién es, cuáles características les resaltan) y sobre la competencia (directa e indirecta).

Independientemente sea de una empresa o de un emprendimiento, la investigación de mercados se divide en tres etapas concatenadas entre sí:

Etapa #1: Descubrimiento. En esta etapa inicial se busca conocer datos generales del mercado, identificar los principales competidores, validar el modelo de negocio, medir la demanda de un producto o servicio, etc.

Etapa #2: Validación. Concluida la etapa anterior, tras decidir continuar con dicho modelo de negocios, producto o servicio, se realizan investigaciones para validar los prototipos de los mismos. Aquí se busca saber si el público objetivo quiere y/o entiende eso que les ofreces en esa cantidad, formato o diseño, presentación (por ejemplo, el empaque), con esas funcionalidades, con esos beneficios, etc.

Etapa #3: Mejorar el servicio y fidelizar. Luego de un tiempo en el mercado, en esta etapa se busca mejora del servicio/producto o la experiencia de usuario (UX), el diseño de una plataforma (UI), se pide retroalimentación para resolver necesidades que terminen en la fidelización de clientes; se busca medir posicionamiento, ganarle a la competencia y, entre otras cosas, encontrar nuevos nichos.

Ahora mismo estamos en la primera etapa: **descubrimiento**. En las páginas siguientes te explicaré tres pasos para hacerlo. Esta investigación en 100% gratuita y digital. En nuestro **Curso de Investigación de Mercados Digitales** puedes acceder a videotutoriales de estos pasos, también podrás recibir una asistencia más detallada del proceso.

¡Visita www.eduardvelazquez.com/emprende!

Por otro lado, si ya tu idea está en curso o validada, el siguiente ejercicio puede ofrecerte información interesante de igual manera. El mismo consta de tres pasos: en primer lugar, mediremos la demanda activa de un producto o servicio. Luego, mediremos la demanda pasiva. Por último, analizaremos la competencia.

Paso #1: Medir la demanda activa

Como nuestra investigación es digital, vamos a definir demanda activa como **la cantidad de veces que se buscó un producto, servicio, contenido o idea en motores de búsqueda**.

Si todavía no tienes claro de tu nicho, haz una lista de 5-10 nichos de mercados que pudieran ser rentables para tu producto o servicio. Por lo general tu oferta irá dirigida a distintos segmentos de mercados. Inclusive cuando decides especializarte en un nicho en específico, dentro de él puedes encontrar distintos grupos.

Entrando en materia, el motor de búsqueda que utilizaremos para ello es Google; concretamente, Google Ads con las siguientes tareas:

1. Entrar a www.ads.google.com
2. Crear una cuenta allí.
3. Ir a la sección de herramientas ubicada en la barra de arriba.
4. Entrar al planificador de palabras clave.
5. "Descubra nuevas palabras clave"
6. Introducir palabras clave de interés.
7. Configurar la ubicación, el país, las redes de búsqueda y el período de tiempo de interés.
8. Analizar cantidad de búsqueda de las palabras clave de interés.
9. Descargar "ideas para palabras clave".
10. Analizar los resultados de la búsqueda.

La tarea #8 es la principal aquí, puesto lo que quieres saber es la cantidad de veces que esas palabras clave que introdujiste se buscaron en un período determinado.

Para la tarea #10, haz un análisis proyectivo de conversiones coherente con tu tipo de empresa, costos y objetivos. Múltiples factores influyen sobre las tasas de conversión de una página web; uno de ellos es el llamado a la acción de la misma: quizás no te interese que te compren, pero que te coticen o que se subscriban a tu boletín de correos electrónicos.

Si al concluir estos análisis, encuentras que puedes alcanzar un punto de equilibrio y márgenes de rentabilidad, podemos concluir que ese producto, servicio, contenido o idea tiene demanda suficiente como para continuar.

Una pregunta clave aquí es, ¿este nicho compra a un precio de ventas que me resulte rentable? Otro aspecto a considerar son las tendencias en el mercado. Si las temporadas afectan las ventas de dicho mercado, es un elemento que debes considerar en tu análisis.

Este mismo proceso también lo puedes hacer en **Ubersuggest**.

Paso #2: Medir la demanda pasiva

Para medir la demanda pasiva, utilizaremos la plataforma de negocios de Facebook:

1. Entrar a www.business.facebook.com.
2. Crear una cuenta allí.

3. Dar click al menú de herramientas ubicada en la barra de arriba.
4. Ir a "Estadísticas del Público".
5. Elegir el público "Todos en Facebook".
6. Crear un público utilizando las variables de interés:
    a. Lugar.
    b. Edad y sexo.
    c. Intereses.
    d. Etc.
7. Registrar las estadísticas que muestra Facebook: la cantidad de usuarios activos con dicho perfil, los porcentajes de edad, sexo, nivel educativo, oficio, etc.
8. Analizar si el tamaño del mercado es potable para tu negocio.

La diferencia esencial entre la información que te muestra Google y la que te muestra Facebook, es que éste último te dice la cantidad potencial de personas que pudiera llegarle una publicidad o contenidos tuyos dentro de sus plataformas. Contrario a Facebook, Google no muestra ninguna información que el usuario no haya buscado previamente.

Tomando en cuenta el tamaño del mercado, haz tres análisis hipotéticos: uno de baja conversión, uno de conversión media y otro de conversión alta. Para el primero, calcula que en un plazo de un año vas a generar ventas en el 0.5% de dicha población. En el segundo, calcula el 1%. En el tercero, un 1.5% para los 12 meses completos.

Por ejemplo, te muestra que hay un millón de personas activas. El 1% de estas, son 10,000. ¿Esta cantidad de ventas al año te resultan rentable? Imaginemos que no es a un año, pero a 5 años, ¿igualmente lo sería?

Mientras más objetivo y realista sea el análisis, mejor. Recuerda que estamos investigando para poder conocer los datos generales del mercado y saber si, en efecto, esta idea de negocio pudiera resultar rentable.

Paso #3: Analizar la competencia

Tras concluir el análisis de demanda, tanto pasiva como activa, el siguiente paso es analizar la competencia, puesto que conocer a los distintos actores de tu mercado es un paso esencial de nuestro análisis, en vista de que nos permite comprender contra quién estaremos compitiendo, nos da más detalle de cómo es ese mercado y qué podemos hacer para diferenciarnos.

Esto lo vamos a hacer respondiendo cinco sencillas preguntas: qué, cómo, cuándo, dónde y a quiénes, las cuales están desglosadas en subpreguntas.

Qué. Se refiere a la esencia del negocio de tu competencia: qué vende, en qué mercado está, cuál es su propuesta de valor.

Cómo. Se refiere a las técnicas, estrategias y herramientas que utiliza para jugar en el mercado y vender.

Cuándo. Se refiere al tiempo en el que se venden sus productos: en qué momento lo hacen y a qué velocidad.

Dónde. Se refiere a la plaza o marketplace de comercialización de sus productos. Puede ser internet, puede ser una tienda, puede ser un servicio, etc. Lo importante es comprender dónde va el consumidor a comprarles.

A quiénes. Se refiere al mercado a que pertenecen, cuál es su nicho o segmento de mercado. ¿Venden a empresas o a personas? ¿A ambas? ¿Quiénes son estos consumidores?

Te invito a hacer este ejercicio hasta con cinco competidores importantes. Las preguntas a continuación aplican a cada uno de estos.

Para poder hacer un análisis más exhaustivo, creamos una **Matriz de Análisis de la Competencia** que puedes descargar en el portal de recursos del libro. En ella podrás responder todas estas preguntas.

Pregunta #1: ¿Qué?
- ¿Cuál es el negocio de la competencia? ¿A qué se dedica?
- ¿Qué tan fuerte financieramente es nuestro principal competidor?
- ¿Cuál es su propuesta de valor? ¿Cuál es la promesa de la marca?
- ¿Qué elementos le diferencian?
- ¿Es local o internacional?
- ¿Qué venden?
    - ¿Cuáles son sus principales productos?
    - ¿Cuáles son sus productos secundarios?
- ¿Cuáles son las fortalezas y debilidades de sus productos principales?
- ¿Cuáles son las fortalezas y debilidades de sus productos secundarios?
- ¿Cuánto tiempo tiene en el mercado?

- ¿Con qué frecuencia nacen nuevos competidores en este mercado?

Pregunta #2: ¿Cómo?
- ¿Cómo generan prospectos?
- ¿Cómo es su proceso de ventas?
- ¿Cuáles son sus principales canales de venta?
- ¿Cuál es su principal estrategia de marketing?
- ¿Cómo se promocionan?
- ¿Qué tipo de contenido generan?
- ¿En qué formato generan contenido? (selecciona las que apliquen)
    - Audio.
    - Video.
    - Texto.
    - Imágenes.
- Dicho contenido, ¿cómo lo distribuyen? (selecciona las que apliquen)
    - Redes sociales.
    - Posicionamiento en motores de búsqueda (SEO).
    - Email marketing.
    - Canal de YouTube.
    - Blog o Vlog.
    - Eventos/conferencias.
- ¿En cuáles redes sociales generan contenido activamente?
- ¿De qué tamaño es su audiencia? ¿Qué tanto enganche tiene con la misma?
- ¿Cuáles son sus pilares de contenido? Es decir, ¿qué temas aborda mayormente?
- Tomando en cuenta el tipo de negocio y la industria, ¿es relevante que tenga una buena presencia digital?

Pregunta #3: ¿Cuándo?
- ¿Cuándo vende sus productos? ¿Diario, semanal, en temporadas? ¿En qué momento del día?
- ¿Sus ventas son residuales, es decir, venden aun cuando no están trabajando o dependen de que un personal de ventas esté activo?
- ¿Tienen temporadas de mayor actividad? ¿Tienen períodos de inactividad?

Pregunta #4: ¿Dónde?
- ¿Dónde está ubicada nuestra competencia?
- ¿Comercializa productos en canales digitales al mismo tiempo que en canales presenciales o tradicionales?
- ¿Dónde venden sus productos?

Pregunta #5: ¿A quiénes?
- ¿Cuál o cuáles son sus nichos o segmentos de mercado?
- ¿Quiénes son sus clientes?
- ¿Cuáles son las características principales de sus clientes? Detallar con la mayor precisión posible.
- ¿Tiene un nicho o tiene varios?

Si tu nicho de mercado tiene 10 competidores o más enfocados en el mismo territorio, no es recomendable entrar en él. Puedes encontrar 100 vendedores y ninguno estar donde tu estás. Si buscas validar un producto en específico, otro elemento del análisis de la competencia es ir a la sección de "Shopping" en Google tras escribir el nombre de dicho producto. Esto te mostrará la lista de competidores que venden online.

Recuerda responder esto en la **Matriz**.

"Sé valiente, querido corazón". – **C.S. Lewis**

Encontrando insights

Un insight es un conocimiento o dato profundo de tu consumidor. Algo que ves, a menudo latente, y que es una realidad o necesidad de un nicho o segmento del mercado.

Imagina un iceberg. Los datos generales de tus consumidores vienen siendo la punta del iceberg: su edad, las marcas que les gustan, etc. Los insights se encuentran en un terreno más intangible y profundo: ¿Qué le duele? ¿Qué ama? ¿Qué necesita y no sabe? ¿Qué piensa sobre tal producto?

Un ejemplo muy famoso de insights es sobre el agua. Helo aquí: el agua es aburrida. ¿Alguna vez alguien te ha invitado a tomarte un vaso de agua con entusiasmo? ¿O has realizado un brindis con agua? (si lo has hecho, no es común jejeje). Los refrescos y las aguas saborizadas nacieron de este insight: son bebidas divertidas. Y, naturalmente, lo divertido vende más en un público joven.

Un buen insight no solo te diferencia de la competencia, sino que te aleja de ella.

Normalmente se construyen a partir de investigaciones de mercado. Y de hecho, te invito a que realices una para estos fines. No obstante, si lo analizas bien, todos conocemos insights sobre nuestros consumidores... ¡porque todos somos consumidores!

Las cosas valen por lo que significan, no por lo que cuestan. Así que te pregunto:

¿Qué sabes de tu consumidor?

¿Qué es lo que más valoran tus consumidores dentro de tu mercado?

___

¿Qué necesidad latente tienen? ¿Qué necesitan y no necesariamente están conscientes de ello?

___

¿Cuáles son las razones por las cuales compran estas cosas?

___

¿Cuáles son las necesidades y contenidos digitales (artículos, videos, etc.) que la competencia no está cubriendo?

_____

_____

_____

_____

_____

¿Cuál dirías, pues, que es tu insight? Engloba las respuestas anteriores en un solo párrafo.

_____

_____

_____

_____

¿Cómo puedes innovar a partir de este Insight? ¿Qué puedes hacer para satisfacer esas necesidades?

_____

_____

_____

_____

_____

_____

Resume tu investigación

Escribe en estas líneas los principales datos o hallazgos de tu investigación:

_____
_____
_____
_____
_____
_____
_____
_____
_____
_____
_____
_____
_____
_____
_____
_____
_____
_____
_____
_____

"Incluso si tu ambición es enorme, empieza lento, empieza pequeño, construye paulatinamente, construye inteligentemente".
– **Gary Vaynerchuk**

Experimenta en tu modelo de negocio

Emprender es una dinámica constante, creativa, donde muchos elementos entran en juego a la vez. Solamente Dios conoce todas las cosas y muchos de nosotros –como emprendedores entusiasmados– nos emocionamos con una idea, la cual nos hace sentido y validamos que tiene mercado.

Ahora bien, estas ideas no están del todo pulidas cuando llegan a nosotros. Si te fijas bien, quedan muchas preguntas por responder y puntos por aclarar. De ahí que sea necesario **experimentar**.

Cuando empecé con mi blog lo hice con artículos de investigación de mercados y comercio electrónico. A los seis meses de haber empezado, mis artículos del primer tema no posicionaban, los del segundo sí. Decidí pues hacer un experimento: ¿cuál tema genera mayor cantidad de impresiones y tráfico en un período de dos semanas? Ganó por mucho el comercio electrónico. Empezamos a enfocar nuestros contenidos a ese tema. A la semana de haber hecho un review de dos plataformas tenía más de 1,000 impresiones (algo sin precedentes en nuestro blog para esa fecha).

Uno de los principales beneficios de experimentar es poder encontrar y mitigar las áreas de riesgo del modelo de negocio. Recuerda que tu objetivo es encontrar un **modelo de negocio repetible**, en primer lugar, y luego **escalable**.

Entremos en materia al experimento.

Lo primero que debes hacer es una lista de las constricciones y los grises (las cosas que no están claras) en tu modelo de negocio. Escribe 3-5 de las principales:

1. _____
2. _____
3. _____
4. _____
5. _____

Lo próximo es crear una serie de suposiciones o hipótesis de cómo resolver tales problemas. Escribe hasta 10 cosas:

1. _____
2. _____
3. _____
4. _____
5. _____
6. _____
7. _____
8. _____
9. _____
10. _____

Lo próximo que vamos a hacer es aplicar el método científico: vamos a platear una suposición, luego vamos a registrar los resultados y, por último, a comparar los experimentos.

El ciclo de aprendizaje propuesto por Eric Ries en el libro The Lean Startup se compone de tres etapas: construir, medir y aprender. Lo próximo que vamos a hacer es **construir** unos elementos para validar nuestras hipótesis.

Digamos que una de las constricciones que escribiste fue que tienen una tasa baja de registro en un landing page. En este caso vamos a construir varios landing pages para ver cuál funciona mejor más adelante.

Tras finiquitar la construcción, vamos a **medir** y establecer un **estándar de comparación** –lo cual es imprescindible–. Así que lo primero es establecer una **línea de base**.

Siguiendo con el ejemplo anterior, digamos que la tasa de conversión actual es del 10%. Lo que quieres hacer es experimentar con varios diseños para aumentar dicho porcentaje.

La medición consiste en comparar el desempeño de cada elemento entre ellos y la línea de base.

Es fundamental que tus experimentos tengan un tiempo definido. Un día; una, dos, cuatro, seis semanas. Que no sea demasiado largo, pero que tenga una fecha clara de finalización.

Lo tercero es **aprender** de los resultados de los experimentos. Quizás aprendiste que los botones color rojo funcionan mejor que los botones color púrpura (por poner un ejemplo). Tales aprendizajes debes sistematizar.

A esto último se le conoce también como **A/B Testing** o **Split Test**.

Veamos unos ejemplos aplicados al modelo de negocio. Puedes experimentar:

- Si ese nicho o segmento de mercado es el correcto.
- Si ese nicho o segmento de mercado realmente tiene ese problema y tu producto o servicio es la solución que buscan.
- Que el canal de comunicación que estableciste es el que funciona mejor.
- Si tu propuesta de valor funciona en otros mercados.
- Si la mayor partida del presupuesto y el enfoque debe estar en una cosa y no en la otra.

En fin, son muchos los experimentos que puedes hacer. Cuando termines compara los resultados que tienen entre sí.

Desarrollo de la tienda

Esta sección es opcional. Nace de un artículo en nuestro blog (www.zume.site/blog) dirigido para quienes optan por utilizar una página web de WordPress y utilizando WooCommerce como canal de ventas.

Estructura [SEO] de la tienda online

Tu tienda online, así como cualquier otro website, tiene un diseño arquitectónico. De hecho, la manera en la que la diseñes afectará completamente la experiencia de usuario. Este es uno de los pasos principales del SEO para eCommerce: **organizar tu tienda online de manera que Google la entienda y que dé una excelente experiencia al público**.

En esta sección no vamos a profundizar en los detalles del SEO, pues para ello tenemos otros recursos.

En lo que sí, vamos a hablar de los tipos de arquitectura SEO de una tienda online. Pero antes de describir los cuatro tipos de arquitectura, cabe destacar que todas tienen un factor común: **la página de inicio es su punto de partida, es decir, todas las otras páginas web o entradas nacen a partir del inicio**.

Arquitectura #1: La horizontal. En este tipo de arquitectura estructuramos las páginas del sitio web (no la tienda) directamente desde la página de inicio y el usuario puede acceder a ellas desde un solo click.

Arquitectura #2: Por categorías. En esta estructuramos las categorías de la tienda directamente desde la página de inicio y el usuario puede acceder a ellas desde un solo click.
Estas categorías llevan a los productos.

Arquitectura #3: Por categorías y subcategorías. En este tipo de arquitectura el acceso a los productos se realiza a partir de las subcategorías. Para acceder a ellas, el usuario primero debe acceder a las categorías.

Arquitectura #4: Por categorías/subcategorías + páginas. En este tipo de arquitectura tenemos una combinación de la Arquitectura #1 con una de las otras dos arquitecturas: además de tener la tienda online, tienes otras páginas web (como un blog, un nosotros, etc.).

Para más ver mi artículo "**SEO para eCommerce: 4 cosas que debes saber**" www.eduardvelazquez.com/emprende

Proceso de desarrollo de la tienda

Los siguientes pasos son para quienes optan por utilizar WordPress y WooCommerce para su tienda online. Algunas especificaciones no aplican para otras plataformas, pero la gran mayoría de cosas sí.

#1 Toma lápiz y papel

El primer paso de cómo hacer una tienda online es **tomar lápiz y papel**. Y no, no estoy relajando...

En un libro muy conocido, No permitas que nadie te robe tus sueños de Dexter Yager, el autor inicia "todo lo que existe tuvo dos creaciones (...) una en la mente y otra en la realidad".

Tomar lápiz y papel es –simple y llanamente– dibujar cómo se verá tu tienda antes de empezar a diseñarla. Inclusive antes de cargar los productos o configurar el plugin.

Te lo digo por experiencia: si comienzas con el fin en la mente te ahorrarás mucho tiempo. Al inicio, cuando hacía mis primeros websites y a cómo hacer una tienda online, las iba haciendo sobre la marcha… ¡cuánto tiempo perdí!

No es mucho lo que debes de dibujar. Una tienda online tiene 6 páginas fundamentales:

- La página de inicio.
- La tienda.
- El producto.
- El carrito.
- El checkout.
- La confirmación del pedido / gracias.

La idea es que dibujes cómo quieres que se vea tu tienda online. Sea que lo vayas a hacer tu mismo o que vayas a contratar a alguien, esto servirá como lineamiento del trabajo.

#2 Instalar el plugin

Naturalmente que el segundo paso de cómo hacer una tienda online con WooCommerce es instalar el plugin.

¿Cómo vas a hacer esto? En el administrador de tu WordPress verás una sección que dice "Plugins". Da clic en añadir nuevo y busca WooCommerce. Por lo general es el primer plugin de la lista.

Ahora debes debes instalarlo y activarlo.

#3 Configurar WooCommerce

Una vez instalado el plugin, el paso #3 de cómo hacer una tienda online con WooCommerce es la de configurarlo.

La primera interacción que tendrás con el plugin, tras su instalación, será una configuración guiada del mismo. Cuando la termines, ve a la sección de ajustes. Allí daremos una serie de pasos para aprender cómo hacer una tienda online con WooCommerce correctamente:

Paso #1 – Sección General

En esta sección configuramos la **Dirección de la tienda**; las **Opciones Generales** de ventas, envíos e impuestos; y opciones de la moneda.

Si tu tienda es local, en la "**Ubicación(es) de ventas**" de las **Opciones Generales** elige "**Vender a países específicos**" e inserta el tuyo. Si vendes a cualquier lugar del mundo, deja la configuración por defecto de "**Vender a todos los países**".

Lo mismo para las "Ubicación(es) de envío" y la "Ubicación del cliente por defecto".

En las **Opciones de Moneda**, simplemente elige la moneda en la que venderás y cómo quieres que se vea.

Paso #2 – Sección Productos

En esta sección tienes 3 pestañas: **General**, **Inventario** y **Productos Descargables**.

En la pestaña **General** debes configurar:

- La página por defecto de la tienda (la que sería www.midominio.com/tienda)
- El comportamiento de añadir al carrito: Si no eliges "Redirigir a la página del carrito tras añadir productos con éxito" pasará que cuando alguien añada un producto a su carrito podrá seguir viendo los otros productos sin que sea redireccionado. Si quieres que cuando el usuario dé click pase a pagar directamente, descarga un plugin extra que se llama Direct Checkout.
- Las medidas de los productos: las unidades de peso y de las dimensiones.
- Las valoraciones de los productos: es importante activarlas, pues aporta mucho a las ventas.
- Le das a **Guardar cambios** y seguimos con la configuración.

En la pestaña de **Inventario**:

- Si venderás productos digitales, puedes desactivar la sección de "Activar gestión de inventario". Si no, configura esta pestaña con los detalles que se ajusten a tu tienda.

- La opción de "**Visiblidad de inventario agotado**" lo que hace es mostrar si un producto se acabó o no en la página del mismo. Si quieres ocultar esta opción en dicha página, no lo actives.
- Por último, la opción de "**Formato de visualización del inventario**" se refiere a cómo quieres el usuario sepa la cantidad de productos que hay: puedes mostrar la totalidad que tienes en inventario, solo cuando se están acabando o no mostrarlo nunca.

La pestaña de **Productos descargables** solo te servirá si das algo similar a un infoproducto que el usuario puede descargar. Allí configuras esta opción.

Paso #3 – Sección de Envíos

De igual manera, en la sección de **Envíos** tenemos 3 pestañas: Zonas de Envío, Opciones de Envío y Clases de Envío.

Una **Zona de Envío** "es una región geográfica en la que se ofrecen una cierta variedad de métodos de envío. WooCommerce asociará un cliente a una sola zona usando su dirección de envío, y le mostrará los métodos de envío de esa zona".

En esta pestaña darás clic a "añadir Zona de Envío" y pasarás a configurarla. Básicamente puedes crear un envío fijo a una zona en específico, un envío gratuito o una recogida local (lo que permite a los clientes recoger sus pedidos ellos mismos en un punto específico o tu local).

Recuerda configurar las **Opciones de Envío** a tu preferencia.

Las **Clases de Envío** son agrupaciones de productos similares con envíos distintos para poder asignarles distintas tarifas de envío. Esta configuración es más avanzada y quizás no la vayas a utilizar por ahora.

Paso #4 – Sección de Pagos

Hemos llegado a la configuración más importante de cómo hacer una tienda online con WooCommerce: aceptar los pagos.

Una particularidad de WooCommerce es que acepta un sinnúmero de pasarelas de pago. Por decir algunas: PayPal y Stripe (las más famosas y que nosotros utilizamos), Amazon Pay, Apple Pay, Braintree, pagos por Cheques, por Transferencias, Contra Reembolso, etc.

Para acceder a las distintas pasarelas de pago de WooCommerce, ve a la sección de **Plugins** y allí busca el que integre tu pasarela de pago con el plugin. Por ejemplo, para aceptar pagos por Stripe debes de instalar el plugin creado para ello.

Una vez instalado, debes vincular tu cuenta con WooCommerce vía un API.

Paso #5 – Secciones restantes

Ya las secciones restantes que nos quedan son la de **Cuenta y Privacidad**, **Correos Electrónicos** y **Avanzado**.

En la primera de éstas, se configuran ciertas opciones de pago y del uso de la plataforma (por ejemplo, si quieres aceptar pago solo de gente que haya iniciado sesión), cómo mostrar las políticas de privacidad de la tienda y la conservación de datos personales.

La sección de correos es sumamente importante: allí configuras las plantillas de correos que se le envían a tus clientes. Cada vez que un cliente haga un pedido, cambie algo en su cuenta o algo similar, WooCommerce le enviará un correo. Puedes cambiar la configuración por defecto en esta sección.

La última sección de la configuración de cómo hacer una tienda online con WooCommerce es la de **Avanzado**, en donde se seleccionan:

- Las páginas por defecto de la tienda,
- Las Variables de finalización de compra; y
- Y Variables de la cuenta.

#4 Cargar productos

Una vez WooCommerce esté configurado, ¡toca cargar productos! Lo primero que debes de hacer es ir a la sección "Productos" justo debajo de "WooCommerce" en la barra lateral de WordPress. Allí das click en "Añadir nuevo". Una vez adentro, verás que cada producto tiene una serie de elementos, tales como:

- Título.
- Descripción.
- Descripción corta.
- Precio.
- SKU.
- Inventario.
- Categoría.
- Etiquetas.
- Imagen destacada.
- Galería.
- Y más.

Descripción de los productos

¿Cuál es la diferencia entre las dos descripciones del producto? Sencillo: una es para causar una primera impresión, mientras la otra es para detallar profundamente el producto.

Por lo general la descripción corta se encuentra debajo del título o al lado de la imagen del producto. Su finalidad es emocionar, impactar y/o persuadir al posible cliente mostrando los beneficios del mismo.

Por otro lado, en la descripción larga es donde se especifican cosas como las dimensiones, peso, materiales, etc., del producto.

Variaciones de los productos

Las variaciones del producto, tal como su nombre lo indica, son las distintas opciones o formatos en las que un producto es presentado al mercado. Digamos que vendes una camisa roja. Las variaciones del producto serían los distintos tamaños.

Hay dos maneras de configurar esto en WooCommerce: manual o estandarizadamente.

Para iniciar, las variaciones de los productos se crean mediante "**atributos**", los cuales puedes ajustar para un solo producto o para todos.

El video a continuación muestra cómo poner los atributos manualmente. El proceso es el siguiente: en la sección de "Datos del Producto" debes cambiarlo de "Producto simple" a "Producto variable". Esto habilitará que se le puedan añadir los atributos al mismo.

Luego, ve a la sección de "atributos" un poco más abajo. Por defecto en esa sección dice "Atributos de producto personalizado"; allí le das a añadir y se habilitarán dos cuadros de texto: uno para el nombre del atributo y otro para detallar el mismo (ambos se mostrarán en la página del producto). Allí debes crear los atributos y separarlos con una barra vertical "|", tal como mostramos en el video.

Siguiendo con el ejemplo de la camiseta. Si tienes 3 tamaños (S, M y L), en el nombre del atributo le pones "tamaño" y luego escribes "S | M | L" en el campo de **Valor(es)**.

Luego, habilitas la opción "**Utilizado para variaciones**" (sin la cual no funcionan) y le das a guardar.

Luego vas a la sección de "Variaciones", esperas a que cargue y le das click a la barra que dice "Añadir variación", donde eliges la segunda opción "Crear variaciones para todos los productos". Esto hará que las opciones que creaste en la sección anterior sean atribuidas a dicho producto.

Dentro de cada variación tienes varias opciones. Las más comunes son **elegir un precio para cada variación** y **ponerle una imagen de a cada una**. Si tus variaciones fueran colores –además de tamaños, algo que puedes hacer–, en esta opción puedes aparear el atributo "rojo" con una foto de una camisa roja.

La otra opción para hacer esto, es estandarizar variaciones para todos los productos. Es decir, puedes configurar unos atributos, crearlos una sola vez y luego elegir en cuáles productos deseas aparezcan. Esto es útil para tiendas que venden productos similares.

En nuestro ejemplo de la tienda de ropa, pudiéramos querer que todos nuestros productos tengan:

- Tamaño S, M, L y XL para nombre.
- Tamaño XS, S, M, L y XL para mujer.
- Colores rojo, azul y verde.

Puedes crearlos en la pestaña de "Atributos" que se muestra en la sección "Productos" en tu barra lateral de WordPress.

Tras crear estos atributos, tendrás la opción de elegirlos cada vez que crees un producto variable y así vamos avanzado en nuestro tutorial de cómo hacer una tienda online con WooCommerce.

Importante: Trata de estandarizar el estilo de las fotos de los productos y la galería de tu tienda en la medida de lo posible.

Categorías y subcategorías

El siguiente punto de cómo hacer una tienda online con WooCommerce es **crear las categorías y subcategorías de productos**.

Para ello, vamos a ir a la pestaña "Categorías" en la sección de Productos en la barra lateral. Allí pones el nombre, el slug (que es el url de cómo saldría) y la descripción. Creas todas las categorías que sean pertinentes para tu tienda online.

Para crear una sub-categoría, solo debes elegir una "categoría padre".

Etiquetas

Luego, el siguiente punto de cómo hacer una tienda online con WooCommerce es **crear las etiquetas de los productos**.

El proceso es similar al de crear las categorías.

Tanto las Etiquetas como las Categorías son importantes porque ayudan al usuario a encontrar más fácil los productos y dan más orden o estructura a tu tienda online.

#5 Checkout

Por último pero no por ello menos importante, hablaremos el checkout como aspecto fundamental de cómo hacer una tienda online con WooCommerce.

Esta es la página donde se procesa el pago de tu tienda. WooCommerce la crea por defecto y puedes modificarla con un maquetador visual como Elementor.

La página del Checkout es relativamente sencilla: solo debes cerciorarte de que esté todo en orden **y que no tenga distracciones**. Para ello le quitas el menú y el footer y la dejas como viene por defecto.

Para acceder a los videotutoriales, accede al artículo "¿Cómo hacer una tienda online con WooCommerce?" en **www.eduardvelazquez.com/emprende**

"Solo un hombre que sabe cómo se siente la derrota, puede sacar del fondo de su alma la onza extra de poder que necesita para ganar cuando la pelea esta empatada".

–Muhammad Ali

Paso III:
Hacer un plan de negocios

Cómo poner la fábrica a funcionar

Acabamos de cruzar el Ecuador de este libro y ahora nos toca entrar en materia de planificación. Parafraseando el dicho, la gente no planifica fracasar, fracasa por no planificar… bien.

En este tercer paso indagaremos en tu plan de negocio. ¿Recuerdas la Fábrica? **Ella se pone a funcionar con acción**. ¿Pero cuál acción vamos a tomar? Esa vamos a determinar aquí.

Otro aspecto también son las finanzas. Todo negocio necesita recursos. De hecho, me gusta decir que el dinero en una empresa es como la gasolina en un vehículo. Más allá de hablar de presupuestos, hablaremos de estrategias de financiación.

También veremos cómo presentar tu proyecto a inversionistas.

Criterio Mínimo de Éxito (CME)

Conforme con Ash Maurya en *Scaling Lean*, el CME de una empresa es "el resultado mínimo que significaría éxito en el proyecto ciertos años a partir de ahora".

Tres recomendaciones para hacer esto:

- Defínelo para máximo tres años.
- Enmarca este criterio en forma de ingresos y clientes.
- Recuerda que es una estimación.

Ahora responde las siguientes preguntas:

Fecha de terminación de los tres años: _____

¿Cuánto dinero deben haber facturado en tres años a partir de ahora para considerarse exitosos?

_____

En promedio, ¿cuántos clientes crees que necesitas para dicha facturación?

_____

Objetivos del negocio

El siguiente elemento de poner la fábrica a funcionar es plantearnos objetivos (primera parte del ejercicio) y establecer estrategias & tácticas para lograrlos (segunda parte).

Para ello vamos a plantearnos **objetivos SMART**: Específicos, Medibles, Alcanzables, Realistas y con un período de tiempo:

[Verbo en infinitivo] + [lo que quieres lograr] + [detalles específicos] + [tiempo para lograrlo]

Ejemplos de objetivos:

- Ir a París por 2 semanas en diciembre 2020.
- Concluir todos los cursos de marketing digital en Zume Academy durante los próximos 6 meses.
- Lanzar el primer MVP de mi negocio a enero 2020.

Cuando se está empezando el negocio nos vemos tentados a plantearnos más objetivos y tantos indicadores de desempeño que nos vemos ahogados en ellos. Mi recomendación es plantearte tres para esta etapa… pero tres grandes y sustanciosos.

Cuando te plantees estos objetivos piensa, ¿cuáles son esas tres cosas absolutamente necesarias para crecer mi negocio y alcanzar (o sobrepasar) el Criterio Mínimo de Éxito?

¡Se trata de priorizar!

Objetivo #1

Declaración del objetivo – ¿Cuál es tu principal objetivo?

_____

_____

_____

Objetivo #2

Declaración del objetivo – ¿Cuál es tu segundo objetivo?

_____

_____

_____

Objetivo #3

Declaración del objetivo – ¿Cuál es tu tercer objetivo?

_____

_____

_____

Para videotutoriales cómo planificar tu año, accede a mi **Curso de Planificación** en **www.eduardvelazquez.com/emprende**

"Todo lo que existe tuvo dos creaciones (...) una en la mente y otra en la realidad".
– Dexter Yager

Estrategias de crecimiento y diferenciación

Para hacer crecer tu negocio hay muchas rutas y formas. A continuación indagaremos en tres tipos de estrategias planteadas por expertos en marketing: la estrategia competitiva genérica, la estrategia de crecimiento y la estrategia competitiva específica.

Estrategia competitiva genérica

Michael Porter establece este concepto en 1985 para ayudar a determinar la característica diferencial de una empresa. De seguro has escuchado a alguien decir "tu empresa debe diferenciarse de la competencia". La ventaja competitiva consiste en establecer ello.

Hay tres rutas para ello: **ser líder en costes**, **diferenciar tu producto** o **enfocarte en un nicho**.

Liderazgo en costes. Tal como su nombre lo dice, al elegir esta estrategia competirás y buscarás posicionarte como el más barato de toda la industria o sector. Esta estrategia está orientada al consumo por precio utilizando economías de escala (producción masiva).

Estrategia de diferenciación. Esta estrategia consiste en crear un producto o servicio **único** en el mercado. Quienes eligen esta estrategia buscan tener un factor que solo ellos tienen, lo cual hacen distinguirse de la competencia.

Estrategia de enfoque. En vez de diferenciar el producto, en esta estrategia diferenciamos el mercado, es decir, trabajamos con un segmento del mercado o nicho en específico (el cual resulte rentable).

¿Cuál vas a elegir?

a. Liderazgo en costes.
b. Estrategia de diferenciación.
c. Estrategia de enfoque.

¿Por qué?

_____
_____
_____
_____

Estrategia de crecimiento

Ahora que elegiste una Estrategia competitiva genérica, ¿cómo vas a hacerla crecer? El cuadro a continuación es conocido como la **Matriz de Ansoff**, introducida por Igor Ansoff en 1957, la cual sirve para identificar las oportunidades de crecimiento en las unidades de negocio de una empresa.

Ansoff propone cuatro estrategias: penetración en el mercado, desarrollo del mercado, desarrollo de productos y la diversificación.

	Productos tradicionales	Productos nuevos
Mercados tradicionales	Penetración en mercado	Desarrollo de productos
Mercados nuevos	Desarrollo de mercados	Diversificación

Penetración en el mercado. Consiste en aumentar la cantidad de consumidores o las ventas en el mercado actual de la empresa.

Desarrollo del mercado. Consiste en abrirte nuevos mercados. Es decir, crecer hacia otros países y/o segmentos del mercado con tus productos actuales.

Desarrollo de productos. Consiste en crecer lanzando nuevos propuestos en tu mercado actual.

Diversificación. Consiste en lanzar productos nuevos en mercados nuevos.

Dado lo que hemos trabajado hasta ahora y tu contexto empresarial actual, ¿Cuál estrategia entiendes es la mejor?

a. Penetración en el mercado.
b. Desarrollo del mercado.
c. Desarrollo de productos.
d. Diversificación.

¿Por qué?

_____
_____
_____
_____
_____

Estrategia competitiva específica

Cuando hablamos de la Estrategia competitiva específica, hablamos de posicionamiento, es decir, la ruta que la empresa tomará para darse a conocer y funcionar en el mercado.

En sentido general existen cuatro estrategias introducidas por Philip Kotler (uno de los padres del marketing moderno): **líder, retador, seguidor y especialista.**

Estrategias del Líder. Esta es la empresa que –por lo general– tiene mayor cuota en el mercado y/o es el referente de la misma. El líder siempre está innovando y defendiendo su posición. Para ser líder hay dos requisitos: o que seas el primero o que desbanques al líder actual (siendo Retador).

Estrategias del Retador. Como acabamos de ver, esta empresa busca posicionarse como líder. De un modo u otro le hace competencia directa y buscan ganar mercado en aquellas áreas de debilidad del líder.

Estrategias del seguidor. Estas son empresas que siguen al líder de la categoría. No buscan diferenciarse innovando ni desbancarle, más bien buscan coexistir con ellas y seguir sus pasos.

Estrategias del especialista. Estas empresas buscan diferenciarse al generar su propia audiencia en segmentos de mercado poco atractivo para la competencia y con gran potencial de crecimiento. Concentran sus esfuerzos en áreas donde son los más fuertes.

Dado lo que hemos trabajado hasta ahora y tu contexto empresarial actual, ¿Cuál estrategia de posicionamiento entiendes es la mejor para tu empresa?

a. Líder.
b. Retador.
c. Seguidor.
d. Especialista.

¿Por qué?

_____
_____
_____
_____

Toma todos estos elementos en consideración para tu plan de marketing.

Solo no puedes

Ninguna gran hazaña ha sido realizada por una sola persona. Revisa la historia: todo evento que trascendió fue realizado por un equipo de personas comprometidas y alineadas en un objetivo común. Uno de los principales indicadores del liderazgo es la influencia ejercida ante un grupo de personas.

Palabras faltarían para expresar todas las razones por las cuales requerimos un equipo para tener éxito en nuestro emprendimiento. En este ejercicio vamos a diseñar tu equipo ideal. Describe todas las funciones y roles que requieras, aun sean más de tres.

Reflexiona conmigo:

Funciones: ¿Qué funciones debes cubrir en esta etapa de tu negocio? Funciones no son tareas, si no más bien roles. Por ejemplo, al inicio de nuestra empresa necesitábamos una diseñadora. Su única función era diseñar los artes promocionales de cada semana –y de allí emanaban sus tareas–.

Tareas: ¿Cuáles son las principales tareas que estas funciones deben cumplir?

Remuneración: ¿Qué beneficios ofrecerás a tu equipo por formar parte de tu emprendimiento/negocio? No solamente hablamos de salarios.

Recuerda incluirte en esta lista. También a tu/s socio/s.

	Mi puesto:	Puesto #1	Puesto #2	Puesto #3
Funciones				
Tareas				
Remuneración				

Estrategias de financiación

Una realidad es que siempre estamos buscando estrategias para capitalizar, monetizar y crecer nuestro negocio. En sentido general, existen cuatro grandes estrategias o rutas para monetizarte.

De seguro que estés considerando una de estas –si estás por comenzar–, o las has aplicado en algún momento –si ya tienes tu empresa o tuviste una anteriormente–.

Estas estrategias son:

- Asociarte con un inversionista.
- Utilizar tus ahorros para emprender.
- Obtener financiamientos externos (préstamos, inversiones de capital semilla, etc.).
- Autofinanciamiento.

Veamos, pues, en qué consisten cada una de estas:

Un socio inversionista

Digamos que quieres emprender y no tienes recursos para hacerlo. Independientemente de lo que quieras emprender, necesitas alguna cantidad de recursos para hacerlo, varía según el caso (por ejemplo, quienes ofrecer sus servicios profesionales como expertos, su costo de iniciar suele ser realmente bajo).

Conseguir un socio inversionista consiste en asociarte con una persona que invierta los recursos necesarios para fondear el proyecto mientras éste se hace rentable en sí mismo. Hay quienes eligen invertir sus recursos en una empresa sin involucrarse directamente en ella. Otros deciden participar activamente en la construcción de esta, además de su inversión.

Una particularidad que tiene esta estrategia de monetizarte es que dicha persona forma parte de la nómina social de la empresa. Es decir, tiene acciones en esta e influye en las decisiones gerenciales de una forma u otra.

Asociarte con cualquier persona puede ser la mejor decisión emprendedora que tomes. Ciertamente debes asociarte con una persona que te complemente, con la que te entiendas y con la que puedas trabajar.

Algunas recomendaciones para mantener una sana relación con él o ella:

I. **Las cuentas claras conservan la amistad.** Es fundamental, previo a la decisión de asociarse, conversar los intereses, roles, responsabilidades de cada parte y el plan de acción inicial que tomarán. Esto debe ser escrito (sea en los estatutos, en un acta de asamblea o en un contrato), sellado y firmado.
II. **Establezcan mecanismos de rendición de cuentas**. Cada cierto tiempo (trimestral, semestral, anualmente, etc.), conforme a la naturaleza de su relación y lo previamente acordado, tengan espacios de rendición de cuentas. Esto les servirá para mantener la transparencia, el respeto y la formalidad en su sociedad. Y dicha redición de cuentas debe ser en los aspectos de interés para ambas partes (no solo en materia monetaria).
III. **Establezcan mecanismos de resolución de conflictos**. Cuando las adversidades se presenten, ¿cómo van a actuar?

IV. **En la multitud de consejeros está la victoria**. Dice en Proverbios 11:14 'Donde no hay buen consejo, el pueblo cae, pero en la abundancia de consejeros está la victoria'. (LBLA). Si bien esto aplica a cada área de nuestras vidas, en la relación de sociedad en tu empresa, te recomiendo completamente buscar guías, consultar a expertos en distintas áreas que les ayuden a tomar mejores decisiones.

V. **Nunca paren de soñar**. En todo momento, ¡sigan caminando!

Ahorros

Otra estrategia para monetizarte es utilizar parte de tus ahorros o recursos en tu patrimonio personal e invertirlo en tu negocio. Si cuentas con una suma de dinero y otros recursos que te lo permita, esta es una opción que pudieras considerar.

Quizás en el contexto donde te veas considerando esta estrategia, seas el socio inversionista que hablamos anteriormente. O quizás estés considerando emprender en solo (opción completamente válida, por ejemplo, para freelancers). Independientemente de cuál sea tu caso, ¡evita descapitalizarte al 100%!

¿Recuerdas el concepto de riesgo financiero? Es completamente posible que las cosas no vayan como te la planeaste. Recuerda el Proverbio 16:9, 'Podemos hacer nuestros planes, pero el Señor determina nuestros pasos'. (NTV). Realizar esta inversión de tu patrimonio personal ciertamente es un riesgo y esto es algo que debes sopesar antes de dar el paso.

Maneras de mitigar o disminuir riesgos hay muchas (una de ellas es una buena investigación de mercados). Te invito a que busques las maneras de hacerlo.

Al evitar descapitalizarte al 100% no solo proteges tu patrimonio personal, sino también mantienes un capital de trabajo que te permita cubrir gastos inesperados.

Financiamientos

Otra opción es acudir a financiamientos externos. Igual que con un inversionista, obtendrías una suma de capital inicial para desarrollar tu negocio. La diferencia esencial radica en la participación en los activos de la empresa: un socio suele tener acciones, un acreedor no.

Hay instrumentos financieros sanos y recomendables. Asimismo, hay otros que debes evitar a toda costa. Varios estudios han determinado que una de las principales razones de quiebra de una PyME o un emprendimiento, es adquirir préstamos –sobre todo informales– que no pueden pagar en el tiempo que se comprometieron y/o con intereses altos, lo cual termina absorbiendo parte significativa de su flujo de efectivo. Se quedan sin liquidez. Y hasta la vista.

Evita los préstamos informales con todas tus fuerzas.

Si vas a adquirir un financiamiento externo, te recomiendo lo siguiente:

I. **Acude a instituciones financieras formales** (bancos, puestos de bolsas, inversionistas ángeles, rondas de inversión, etc.). Te ofrecen múltiples beneficios (como mentoría o formación) y cuotas más razonables.
II. **Asegúrate de que es un buen momento para asumir dicho compromiso.** Tomar un préstamo o adquirir capital semilla

puede ser una buena decisión. Pero la decisión correcta en el momento incorrecto es una mala decisión.

III. **Realiza un plan de negocios**. De hecho, muchas instituciones te lo piden como requisito. Si tu plan de negocio evidencia que tu idea puede ser rentable y sostenible en el tiempo, seguramente llamará la atención de posibles inversionistas e instituciones financieras.

IV. **Haz una solicitud formal**. Si vas a buscar financiamiento externo, ¡sé intencional en buscarlo! Aplica a fondos para emprendimientos, solicitudes de créditos y demás.

V. **Recuerda que en la multitud de consejeros está la victoria**. Ya hablamos de esto: asesórate con alguien experto en la materia y/o que tenga más experiencia que tu en el mundo de los negocios.

Autofinanciamiento

La cuarta vía de monetización que puedes tomar, es la que conocemos como 'autofinanciamiento'. Esto aplica mucho a empresas de servicio, dropshipping, afiliados y vendedores.

Consiste en iniciar con la menor cantidad de recursos posible, aumentar tus ventas e ir reinvirtiendo las ganancias en conseguir más clientes, posicionarte más, crecer tu equipo, etc.

Imagina una firma de contabilidad. Un contador puede empezar a ofrecer sus servicios a conocidos y allegados trabajando desde su casa. Solamente debe invertir en formalizar su empresa, una imagen corporativa y ciertas impresiones (en algunos casos, también en su imagen personal). En este formato consigue sus primeros clientes. Les cumple y estos le recomiendan.

Con el tiempo se da cuenta de que necesita ampliar su equipo para poder satisfacer su demanda y adquirir un local para aumentar la formalidad de su empresa. El dinero para hacer esto salió meramente de las ventas que realizó. No se asoció con nadie que le invirtiera, no utilizó sus ahorros y no acudió a financiamientos externos.

Este camino es particularmente más largo que los demás, pero es el más orgánico a mi entender. Una empresa que crece a partir de recomendaciones es una que encontró un mercado potable para desarrollarse.

Si eliges esta vía para empezar, mis recomendaciones para ti son las siguientes:

I. **A pesar de las recomendaciones, invierte en marketing y publicidad**. No le dejes tu crecimiento al crecimiento orgánico solamente. De hecho, si vas creando un nombre o una marca utilizando el boca a boca, a la hora de promocionarte, tendrás la ventaja de que ya te conocen o han escuchado de ti. He visto que muchas empresas no crecen más porque, a pesar de que los consumidores han escuchado de la marca o del producto, no saben dónde adquirirlo, nadie les vende, no tienen la información completa, etc. Invertir en marketing y publicidad puede ayudarte con esto.

II. **Dale carácter y seriedad a tu empresa**. Puedes empezar desde tu casa y trabajar en ropa cómoda casi todo el día. Aun así, puedes y debes darle seriedad a tu negocio.

III. **Separa tus finanzas personales de las empresariales**. Siempre, siempre, siempre mantén los recursos empresariales en cuentas distintas a las personales. Uno de los principales requerimientos –lo que también es un reto–

para crecer autofinanciándote, es tener mucha, mucha, mucha organización. De lo que vayas generando, sigue un plan financiero para crecer.

De hecho, aun no vayas a empezar utilizando esta estrategia, te recomiendo que inviertas una partida de las ganancias de la empresa en hacer que ella crezca. **Recuerda hacer un presupuesto y un plan de crecimiento de tu negocio a 6, 12 y 18 meses.**

¿Cuál de estas estrategias seguirías principalmente?

- Asociarte con un inversionista.
- Utilizar tus ahorros para emprender.
- Obtener financiamientos externos.
- Autofinanciamiento.

¿Por qué?

_____
_____
_____
_____

Hemos creado para ti una lista de herramientas financieras:

- Plantilla para un Plan de Viabilidad.
- Plantilla de presupuesto anual de una empresa.
- Plantilla de contabilidad básica.

¡Ve a **www.eduardvelazquez.com/emprende**!

"No es lo que dices de tu boca lo que determina tu vida, ¡es lo que te susurras a ti mismo que tiene más poder!"
– **Robert Kiyosaki**

Presentación para inversionistas

Para muchos de nosotros hacer una presentación es todo un reto. Independientemente del tipo, estar parados frente a una audiencia es bastante retador si no se tiene la preparación necesaria.

Presentarte frente a uno o varios inversionistas no es distinto. Ahora bien, una regla de la comunicación es que el mensaje se debe adaptar a la audiencia: si quieres conectar con ella, debes preparar una presentación empática, que resuene con sus intereses, contextos, culturas y lenguaje.

En este ejercicio vamos a ver aspectos fundamentales que buscan los inversionistas en un proyecto. Estas personas se dedican a invertir (obviamente), ven muchas presentaciones y saben cuáles criterios y condiciones buscan.

En sentido general, los inversionistas buscan proyectos que:

- Tengan una idea y una propuesta de valor (un pitch) clara.
- Que tenga mercado (validado por un estudio y con proyecciones a largo plazo).
- Preferiblemente que ya esté funcionando y facturando.
- Que tenga objetivos y un plan de acción claros.
- Asimismo, un presupuesto, un estado financiero y la inversión que requieren (con análisis financieros que proyecten rentabilidad).
- Que les ofrezcan un márgenes de ganancias atractivos.

- Que sea por un equipo de personas capaces y comprometidas con hacer crecer la empresa.

Prepara tu presentación

Este ejercicio te recomiendo que lo hagas en tu computador. A continuación te muestro una serie de preguntas para guiarte, las cuales te invito a que respondas a lo largo de tu presentación.

Si quieres también puedes descargar gratis la **Plantilla de Presentación para Inversionistas** hecha para ti.

==>Descárgalo en www.eduardvelazquez.com/emprende

Elementos de la presentación

Pitch:
- ¿Cuál es tu propuesta u oferta de valor? ¿Cuál o cuáles problemas resuelves?
- ¿A quiénes? ¿A cuál o cuáles mercados?
- ¿Cómo? ¿Cuál es la solución que propones?

Análisis de mercado:
- En tu análisis del mercado, ¿qué datos encontraste?
- ¿Cuál es la tendencia que se proyecta para ese mercado?
- ¿Cuáles son las cifras más importantes sobre tu mercado?

Tu proyecto, ¿está funcionando?
- Si sí, ¿cuáles resultados o avances han tenido a la fecha?
- ¿Cómo están funcionando actualmente?
- ¿Cómo han podido validar la idea y el modelo de negocio?
- Si no, pasa a la siguiente pregunta.

Objetivos y plan de acción

- Si no están funcionando, ¿cuáles obstáculos tienen y cuál es el plan de acción para empezar?
- Desglosa los objetivos principales a los próximos 3, 6, 12 y 18 meses. Haz énfasis en los logros esperados.

Finanzas

- ¿Cuál es tu presupuesto?
- ¿Cuál es el estado financiero de la empresa?
    - ¿Tienen ganancias o un capital acumulado?
    - ¿Cuáles son los activos de la empresa?
    - ¿Cuáles son los pasivos de la empresa?
    - Resta los activos de los pasivos y esto te dará el patrimonio de la empresa.
- ¿Cuál inversión requieren y qué le ofrecerás al o a los inversionistas?

¿Cuál es tu equipo?

- Los inversionistas rara vez invierten en los solopreneurs (emprendedores que son los únicos dueños de sus negocios). Así que explica cuál es tu equipo, sus habilidades y roles dentro de la empresa.

Preparando el lanzamiento

A lo largo de esta Guía has recorrido una serie de pasos para construir tu negocio. Ya casi estamos listos para salir al mercado. Por lo que queremos darte unas tareas para ayudarte con la puesta en marcha del negocio, una vez concluidos todos los ejercicios de este libro.

No todas las tareas te aplicarán ni están en un orden estricto, pues de las 25 es posible que ya hayas avanzado cosas a lo largo de la Guía como fuera de. Te invito a considerar las que sí te apliquen y a ponerlas en acción.

Si bien estas tareas son generalidades para los primeros pasos de un negocio, te queda pendiente trazarte un plan de acción, sobre todo, para la puesta en marcha, para tu lanzamiento al mercado.

Todos los elementos aquí trabajados te sirven como insumo para ello, es tu labor dar el siguiente paso, revisar todo lo que has creado en esta Guía y trazarte fechas con tu equipo de:

- Cómo van a presentarse inicialmente al mercado. Por ejemplo, pueden hacer un evento de lanzamiento o una campaña de expectativas.
- Cuando iniciarán oficialmente sus operaciones.
- Qué requerimientos o qué cosas deben tener listas para alcanzar a iniciar en dicha fecha.
- Y demás cosas.

Recuerda: el éxito se construye un día, una tarea a la vez.

De marketing y ventas

Tarea 1: Diseñar la marca personal y/o corporativa

Descripción de la idea: Más allá de un logo, es toda tu imagen corporativa: logotipo, papelería, material POP, arquigrafía. etc. Entregar los detalles de tu marca en esta Guía a un equipo de diseño y verificar que tenga coherencia de la imagen de la marca con dichos detalles.

Subtareas:
- Adquirir asesoría de imagen personal
- Adquirir una sesión de fotos
- Crear armario profesional

Tarea 2: Definir un elevator pitch o one-liner

Descripción de la idea: Cuando alguien te pregunte sobre tu negocio, debes saber darle un mensaje claro y preciso de qué hacen, con quién trabajan, qué valor tienen y cómo lo hacen. Increíblemente, todo esto se puede hacer en una sola oración utilizando el siguiente formato de Donald Miller en su libro *Building a Story Brand*:

- **Un personaje:** Habla de una población en específico.
- **Un problema:** Describe un problema real que tiene dicho personaje.
- **Un plan:** Una propuesta para resolver su problema.

- **Un resultado o éxito:** Cómo se ve su vida luego de que ejecutar el plan.

Subtarea: Lograr que todo tu equipo se lo sepa de memoria.

Tarea 3: Desarrolla un lead-generator (generador de prospectos)

Descripción de la idea: ¿Recuerdas que en el análisis de la competencia identificamos cómo ellos generan prospectos? Esta tarea consiste en generar el tuyo. Esto puede ser un webinar, un evento gratuito, un eBook gratis, un concurso en redes sociales, un cupón de descuento, etc. (te recomiendo que crees varios en el tiempo).

Este lead-generator va en el principal canal de comunicación de la marca. Si es un webinar o un eBook, un popup en tu website. Si es un concurso o un cupón, redes sociales, entre otros.

Subtarea: Establecer indicador de desempeño para este lead-generator

Tarea 4. Desarrollar herramientas de ventas

Descripción de la idea: Necesitas estar preparado para vender, pues prácticamente todo en la vida requiere preparación de un modo u otro.
Tus herramientas de ventas son esas cosas que utilizarás –además de tu lead-generator– para crear relaciones con tus clientes y cerrar ventas.

Ver más en el **Curso de Ventas** en
www.eduardvelazquez.com/emprende

Subtareas: Algunas de estas herramientas son:
- Crear una presentación de ventas
- Imprimir tarjetas de presentación
- Crear un video de ventas
- Definir una política de precios
- Crear un Client Relationship Manager (CRM)

Tarea 5: Crear tu página web y correos corporativos con un dominio propio

Descripción de la idea: Sea que lo hagas tu o que lo delegues, necesitas un website. Sobre todo, uno para vender. Esta tarea consiste en ejecutar lo que hablamos en el ejercicio "Tu Website".

Subtarea: Crear correos corporativos

Tarea 6: Registrar empresa en Google Mi Negocio

Descripción de la idea: Sea que tengas local o no, debes aparecer en Google. Google Mi Negocio es la plataforma donde registras tu empresa para que, cuando alguien la busque, salga la información al instante.

Tarea 7: Empezar a ejecutar tu plan de marketing

Descripción de la idea: En las páginas anteriores de esta Guía, delimitamos una serie de objetivos, estrategias & tácticas para lanzarte al mercado y empezar a promocionar tu marca. Esta tarea consiste en llevar dicha planificación a la acción, en dar el primer paso.

Otro tema importante, ¿Cómo vas a lanzarte? ¿Cómo vas a salir al mercado? ¿Lanzarás un prototipo o qué? ¡Planifícalo!

Subtareas:
- Hacer preparativos para ejecutar el plan de marketing
- Planificar lanzamiento al mercado
- Hacer check-list de todo lo que necesitas para lanzarte

Tarea 8: Invertir en SEO

Descripción de la idea: SEO significa Search Engine Optimization. En un español llano: posicionar tus contenidos y marca en Google u otro motor de búsqueda. Quieres posicionarte en la primera página. El SEO es toda una ciencia, te recomiendo buscar un experto.

¿Recuerdas tu calendario editorial? El SEO permitirá que dichos contenidos te generen tráfico.

Subtarea: Trazar una estrategia de SEO

Tarea 9: Crea una audiencia en redes sociales usándolas profesionalmente

Descripción de la idea: Tanto las redes personales como las corporativas. A este punto, deberías tener claro cuáles redes utilizarás y con qué fin. Prácticamente cada plataforma tiene una versión de negocios (o business). Esto es así en Instagram, Facebook, YouTube, Pinterest, LinkedIn, WhatsApp y Twitter. También es recomendable crear un boletín por correo.

Subtareas:
- Poner imagen de la marca en cada red social de ambas marcas
- Cambiar tus redes sociales a las cuentas de negocios
- Utilizar el mismo username en todas las redes sociales de la marca (una marca, un usuario)
- Limpiar redes sociales personales

Tarea 10: Levanta capital de riesgo o capital semilla (si eliges esta estrategia para financiarte)

Descripción de la idea: Muchos startups y emprendimientos inician con una inversión inicial de capital. Si en tu caso requieres de una inversión, esta tarea consiste en buscarla y conseguirla. Si bien las tareas anteriores pueden apoyarte con esto, por lo general los inversionistas buscan un plan de negocios detallado en emprendimientos de alto potencial que resuelvan un problema específico.

Subtareas: Antes de hacer esto, te recomiendo:

- Haber completado las tareas anteriores
- Comprender el compromiso que implica obtener una inversión de capital
- Buscar la mayor cantidad de información posible sobre el mercado.
- Estimar proyecciones financieras del negocio.
- Obtener mentoría o asesoría con expertos en la materia

De administración, contabilidad & finanzas

Tarea 11: Planificar el primer año de las otras áreas de tu empresa

Descripción de la idea: Quizás hasta este punto solo hayas planificado tu marketing, pero tu negocio tiene otras áreas. Está demostrado que quienes se trazan metas claras, tienen un mayor sentido de propósito y generan mayores resultados. Sí, sé que puede ser tedioso planificar el primer año de una empresa nueva, pero es muy importante trazarte estos resultados que perseguirán en el primer año.

Subtareas:
- Definir objetivos, estrategias, tácticas, tareas e indicadores clave de desempeño (KPIs) para el primer año.
- Definir metas financieras y presupuesto.

Tarea 12: Formalizar empresa

Descripción de la idea: Tan pronto como la primera venta, tienes un compromiso fiscal con el Estado de tu país. Formalizar la empresa consiste en obtener tener una razón social, registrar tu marca y/o patentes, registrar la empresa en el sistema de contribuyentes fiscales, etc.

Subtareas:
- Investigar cuáles son todos los requisitos de tu país o ciudad.
- Obtener asesoría del proceso de fundación de una empresa previo al inicio del mismo.
- Crear los documentos requeridos (como los estatutos).

Tarea 13: Crear un sistema de finanzas y contabilidad empresarial

Descripción de la idea: Este sistema te va a ayudar a profesionalizar tu gestión financiera empresarial: orden, pagar a tiempo, almacenar registros, son solo unos pocos de los beneficios que te traerá. También a dividir las finanzas personales de las corporativas.

Subtareas:
- Crear un calendario que te recuerde cuándo tienes que pagar cada cosa.
- Crear un formato de factura con tu imagen corporativa.
- Crear un sistema de almacenamiento de documentos contables, importantes y oficiales.
- Hacer un presupuesto desglosado en el tiempo.
- Obtener un software de gestión financiera y administrativa de la empresa.
- Obtener cuentas bancarias corporativas distintas a tus cuentas personales (una para gastos operativos, una para ahorros de las ganancias, una para ahorrar y pagar impuestos).
- Contratar servicio de contabilidad.

Tarea 14: Asegurarme de que todo está en orden legalmente hablando

Descripción de la idea: Toda empresa tiene riesgos fiscales y legales. En la medida que vas creciendo, estos pueden ir aumentando. También a la hora de empezar contamos con estos riesgos.

Esta tarea consiste en cerciorarte de que tus riesgos legales son mínimos, están mitigados efectivamente y la legalidad de la empresa está en orden.

Subtareas:
- Crear aviso legal en el website (debe incluir Términos y Condiciones, Política de Cookies, Política de Privacidad y/o avisos de GDPR u otros)
- Obtener asesoría legal para evaluación de la empresa.

Tarea 15: Haz un organigrama

Descripción de la idea: Esto permitirá que, tú y tu equipo, sepan qué funciones tiene cada quién y cómo se estructura jerárquicamente la empresa.

Subtarea: Crear descripciones de puesto.

Tarea 16: Adquirir oficina

Descripción de la idea: Dependiendo de la industria y el modelo de negocio, tener una oficina no es absolutamente imprescindible. No obstante, es sumamente recomendable pues da formalidad y credibilidad al negocio en cuestión. Puedes comprar o alquilar un local e instalar tus operaciones allí. Otra opción es comprar un espacio en un co-working space.

Subtarea: Decorar la oficina con la marca (arquigrafía).

De equipo & liderazgo

Tarea 17: Formar equipo

Descripción de la idea: En las páginas anteriores ya identificaste al equipo que requieres. Ahora te toca formarlo, reclutarlo, equiparlo e inspirarlo.

Subtareas:
- Formalizar acuerdos o contrataciones.
- Entrenar equipo en sus funciones.
- Conoce bien a tu equipo.

Tarea 18: Crear misión, visión & valores de la empresa

Descripción de la idea: ¿Para dónde va tu empresa? ¿Cuál es su propósito? ¿Bajo qué valores trabajan? Es imprescindible que toda tu empresa sepa esto.

Subtareas:
- Consultar la visión, la misión y los valores con tus socios & colaboradores
- Compartir visión al equipo
- Organizar reunión de equipo para compartirles la visión empresarial

Tarea 19: Desarrollar hábito de afilar la sierra

Descripción de la idea: En algún momento, luego de trabajar, debes pararte y descansar: reenfocarte, recargar las baterías, inspirarte una vez más, antes de seguir adelante. Haz de esto un hábito para que no dejes de emprender a los 3 meses por cansancio o desenfoque.

Subtareas:
- Planificar horas de descanso
- Crear hábito de soñar cada día

De Educación

Tarea 20: Crear plan de aprendizaje para el equipo
Descripción de la idea: Invierte en desarrollar las habilidades, capacidades y talentos de tu equipo.

Subtareas:
- Identificar áreas de necesidad de la empresa y del equipo.
- Hacer presupuesto para educación.

Tarea 21: Conectarme a una comunidad de emprendimiento

Descripción de la idea: Los emprendedores están prácticamente en todo el mundo. Sea en el mundo físico o en el digital, encontrarás muchas comunidades de emprendimiento.

Subtareas:
- Buscar conferencias de negocios o eventos de networking en mi ciudad.
- Entrar a un grupo de Facebook o WhatsApp de emprendimiento.
- Seguir influencers y cuentas de negocios, de motivación y crecimiento personal.

Tarea 22: Aprender a tratar con las personas

Descripción de la idea: Una de las claves del éxito, es saber lidiar con las demás personas: cómo respetar sus opciones, cómo resolver conflictos, cómo manejar objeciones, cómo persuadirlas e inspirarlas y cómo ganar amigos.

Subtareas:

- Leer el libro Comunicando con gracia por Mayra Holguín
Leer el libro Como ganar amigos e influir sobre las personas por Dale Carnegie

Tarea 23: Diseñar un Plan de Aprendizaje

Descripción de la idea: Consiste en crear un plan de desarrollo habilidades, de técnicas o de aptitudes, así como de actitudes empresariales. Cosas como cerrar ventas, dirigir reuniones efectivas, cobrar, desarrollar una mentalidad empresarial, etc. son cosas que deben aprender tu equipo y tu.

Subtarea: Poner cronograma en tu calendario

Tarea 24: Procesar todo lo que creaste en esta Guía

Descripción de la idea: Ya que llegamos al final de esta Guía, ¿qué tal si la procesas en Excel, Evernote, Notion u otra plataforma? Tienes el reto de ejecutar todo lo que hemos creado aquí y compartirlo con tu equipo. Por eso te invito a digitalizarlo. Por ejemplo, tu modelo de negocios, tu investigación, tu plan de marketing, tu calendario editorial. ¡Con estas cosas vas a estar trabajando mucho!

Subtarea: Compartir lo creado en esta Guía con tu equipo

¡En todas las áreas!

Tarea 25: Diviértete :)

Descripción de la idea: Emprender es divertido. ¿Quién dijo que no? Además, si te lo gozas, la pasas mejor. ;)

Subtarea: ¡Comparte esa diversión con alguien más!

Paso IV:
Ejecutar un plan de marketing digital

Introducción al plan de marketing

Hacer un plan de marketing digital es una de las actividades más importantes que cualquier marca puede hacer. Una pregunta muy común entre mercadólogos y emprendedores es cómo hacer uno.

Antes de empezar, detallemos los elementos de un plan de marketing digital. En un sentido estricto, estos se compone de los mismos elementos que un plan estratégico o un plan operativo anual.

Si se quiere, podemos ver el plan de marketing digital simplemente como una aplicación al área o departamento de mercadeo de una empresa o marca. No obstante, como veremos más adelante, estos planes tienen elementos únicos (como la planificación de la publicidad).

Los objetivos dentro un plan de marketing digital pueden ser varios (puedes buscar posicionarte, puedes buscar crear una audiencia, internacionalizarte, vender más, etc.). Sin embargo, su principal objetivo es mover a tu nicho de mercado a través de tu embudo de ventas.

Uno de los errores más comunes a la hora de emprender, es no promocionar pronto y estratégicamente los productos y servicios nuevos. Toda empresa debe darse a conocer, mostrar al mercado qué problemas resuelve, qué valor añade y cómo lo hace.

Queremos que tu negocio crezca, se monetice y sostenible. Hay miles de formas distintas para hacer esto, las estrategias y caminos a tomar son infinitos. De ahí que sea tan importante elegir cuáles vamos a tomar.

A grosso modo, el marketing es la disciplina que analiza el área comercial de tu empresa, es decir, el engranaje de ventas-promoción-relación con los clientes y más.

Mientras hagas tu plan de marketing siempre pregúntate: ¿esta es la mejor manera de servir a mi mercado o audiencia?

De eso es que se trata.

"La manera de comenzar es dejar de hablar y comenzar a hacer."
— **Walt Disney**

Objetivos de marketing

El primer elemento de un plan de marketing es **hacer un diagnóstico**. ¿Te has dado cuenta de lo primero que hacen aplicaciones como Google Maps o Waze cuando vas a trazar una ruta? **Te identifica dónde estás**. La aplicación define sus rutas a partir de tu ubicación actual.

Así mismo es tu plan de marketing digital.

A lo largo de este libro ya hemos hecho varios diagnósticos suficientes para hacer el plan. Ahora bien, si quisieras profundizar en uno más externo, puedes hacer el Análisis PEST (Político, Económico, Sociales-culturales y Tecnológico). Este es un diagnóstico del contexto externo de la empresa, es decir, de las cosas que pueden impactarle en cada una de estas categorías.

Lo próximo es, pues, **plantearse objetivos**.

Dijo el pensador romano, Séneca, que a un barco que no sabe hacia dónde va, todos los vientos les son desfavorables. El primer paso para la construcción de cualquier caso de éxito, es el trazarse objetivos.

Es imprescindible tener ideas claras, precisas y debidamente delimitadas de lo que se quiere lograr. No solamente da rumbo y sentido al esfuerzo, pero permite la optimización de los recursos –incluyendo el más valioso: tiempo–.

Así que, ¡traza los objetivos de tu plan de marketing digital! Algunos ejemplos de estos son:

- Aumentar la tasa de conversión del landing page a un 10% a un 30% durante el tercer trimestre del año.
- Facturar un millón de dólares en ventas durante el mes de enero.
- Aumentar a 10,000 la cantidad de subscriptores en nuevo boletín por correo durante los próximos 12 meses.

Independientemente de cuál sea, tus objetivos deben ser:

- Claros.
- Realizables (contar con el presupuesto, el equipo y otros recursos para alcanzarlos).
- Tener un marco de tiempo concreto y ser medibles.

Trazarte objetivos claros es solo un paso de una planificación completa de tu marketing. Te recomendamos trazarte objetivos de tráfico o alcance, de branding, de conversiones, de fidelización y mejora de la experiencia del usuario, de creación de contenido y las categorías que consideres relevantes para tu marca.

Importante: Vuelve y revisa las estrategias de crecimiento y diferenciación que definiste anteriormente para hacer tus objetivos.

Para lograr estos objetivos debemos definir estrategias y tácticas, (las cuales no debes confundir con las estrategias del negocio que definimos anteriormente). ¿Qué son las estrategias y qué son las tácticas?

Las **estrategias** el proceso que define cómo vas a abordar el mercado. Al definir tus estrategias, vas a delimitar las acciones y recursos que vas a utilizar para cumplir tus objetivos. Imagina un mapa, ¿por dónde te vas a ir?

Las **tácticas** son el método de aplicación de dichas estrategias. Imagina el mapa de nuevo. La táctica es cuál vehículo vas a utilizar y a qué velocidad vas a ir.

¿Recuerdas el embudo de ventas? Las estrategias & tácticas te ayudarán a saber qué hacer con tus prospectos en cada etapa. De hecho, esta es una manera muy sencilla de organizarlas. Lo importante es que las mismas tengan COHERENCIA con los objetivos.

Lo siguiente es **hacer un plan de acción**. Como probablemente ya tienes 100% claro, **sin acción no hay resultados**. De nada serviría tener estos objetivos, estrategias y tácticas perfectamente definidas sin delimitar las tareas que permitirán cumplirlas.

Para lograr un gran objetivo se debe fragmentar en muchas porciones pequeñas. Así, pues, el siguiente paso de tu plan de marketing digital consiste en crear **TAREAS**.

Para ello vamos a desglosar nuestros objetivos al máximo:

#1. Identifica el plazo de tiempo de tu objetivo (si es a un año, al semestre, al trimestre, mes o un proyecto puntual). Digamos que tu objetivo es a un año.

#2. Desglosa dicho objetivo en los plazos de tiempo más pequeños que le siguen identificando las tareas que debes realizar en cada plazo para lograr el objetivo. Ese objetivo a un año, desglósalo al semestre, luego al trimestre, luego al mes. Es decir, ¿qué tareas debes terminar en el semestre, en el trimestre y en el mes para lograr tu objetivo?

#3. Cuando tengas el objetivo desglosado a un mes, divídelo en semanas y luego días.

Así garantizas que las tareas de cada día te acercan a cumplir tu objetivo del año.

Ojo: esas tareas son el desglose de tus estrategias y tácticas. Recuerda, todo debe tener coherencia.

Un plan de marketing no está completo sin **establecer indicadores de desempeño**. En un ejercicio a continuación definiremos los indicadores de desempeño del negocio, mientras que en este lo limitaremos al plan de marketing concretamente, puesto que tienen naturalezas y propósitos distintos.

En efecto, la importancia de tener objetivos medibles es que nos permite crear indicadores de desempeño..

Por último, vamos a **presupucstar**.

La manera en la que crearás tu presupuesto dependerá de la estructura organizacional de tu empresa o marca… también de lo que quieras lograr en tu plan de marketing digital.

Las empresas medianas/grandes suelen tener sistemas financieros que articulan los presupuestos a lo largo de todos los departamentos y proyectos. Si este es tu caso, te recomiendo que acates las políticas de la empresa.

Ahora bien, independientemente este sea tu caso o no, tu presupuesto debe seguir unos lineamientos mínimos de todo presupuesto:

- La actividad o partida (por ejemplo, retargeting).
- El monto a invertir por unidad.
- La cantidad de unidades.
- La cantidad total.

Además, los puedes agrupar por rubro y calcular los subtotales. Así puedes sacar, por ejemplo, el subtotal de lo que vas a invertir en Facebook Ads o en promocionar eventos.

En conclusión, crear un plan de marketing digital es un ejercicio determinante en la vida de una marca. No es lo mismo tener una marca que fluya día tras día a una que sigue un plan de trabajo concreto. Recuerda que el principal objetivo dentro de tu plan es mover a tu nicho de mercado a través de tu embudo de ventas o Fábrica de Clientes.

====> Descarga la Plantilla de Plan de Marketing
www.eduardvelazquez.com/emprende

Automatización y monetización de embudos de venta

El propósito de esta sección es ayudarte a entender cómo funciona la automatización del marketing, más allá de cómo hacerlo técnicamente: cada detalle técnico de la automatización está fuera del libro.

Justamente por ello creamos el Curso de este libro: para ayudarte con dichos aspectos utilizando videotutoriales. Recuerda que por la compra de este libro tienes un 50% de descuento del curso online. Ve al link anteriormente mencionado o escríbeme a **hola@eduardvelazquez.com** y te daré acceso al descuento en

www.eduardvelazquez.com/emprende

¿Cómo funciona la automatización del marketing?

En primer lugar, consiste en integrar una serie de elementos entre sí hacia un conjunto de tareas en específico.

Estos elementos son:

- Una página web creada para ventas.
- El píxel de Google y/o de Facebook.
- Una plataforma de eMail Marketing.
- Publicidad paga y mucho contenido.

Estos cuatro elementos se conjugan para producir unos de resultados de marketing, tales como: aumentar el posicionamiento, crear una audiencia, generar prospectos y ventas.

Embudos de venta aplicados a publicidad online

Recuerda que uno de los propósitos de un embudo es **ir filtrando y clasificando a tus prospectos**, puesto que no todo quien conoce tu marca termina comprando. **Es una realidad**.

Tener un embudo de ventas te ayudará a:
- Aumentar la cantidad de prospectos.
- Clasificar mejor a los prospectos.
- Educar a tus prospectos o audiencia.
- Cerrar más ventas.
- Que te vaya bien en tu emprendimiento.

Uno de los errores más comunes es tratar de cerrar una venta sin haber previamente identificado las necesidades del cliente y sin haberlo clasificado previamente para confirmar si, en efecto, nuestros productos o servicios son los que más le conviene.

Es por eso que en tu plan de marketing digital te vas a enfocar a diseñar las estrategias para darle vida a tu embudo de ventas creando contenido y llamando a la acción en cada etapa del mismo.

Recuerda: **se trata de añadirle valor a tu consumidor ideal**.

"El progreso viene cuando te dices a ti mismo la verdad, eres capaz de sentir la incertidumbre y tomas acción de todos modos".
– Anthony Robbins

Embudo aumento de notoriedad

Digamos que eres una marca personal. Tienes una comunidad pequeña que quieres ampliar, tanto en seguidores como en ventas. Pero tu comunidad no sabe lo que vendes ni te compra. Decides hacer publicidad para monetizar tu proyecto.

Normalmente una persona publicaría una foto en Instagram y le diera a promocionar. Pero eso no es lo que vamos a hacer nosotros en este embudo: más bien vamos a crear un **embudo para el aumento de notoriedad.**

Consiste en generar posicionamiento y una relación con una audiencia que **no tiene la menor idea de tu existencia**. Por ello, este embudo dura 5-6 días.

En el primer y segundo día vas a preparar un video de 3 minutos explicando un tema en particular. Es un video donde te introduces y ofreces un contenido de valor.

Digamos que eres una inversionista en oro. En ese video de 3 minutos explicarías cómo funciona dicho mercado y cómo la inversión en oro es beneficiosa.

A esta pieza de contenido, así como a todas las otras le configurarás el **pixel de Facebook**. Este embudo no funciona sin el pixel, pues esa pieza de contenido (el video de 3 minutos) lo enviarás a una audiencia fría basada en ubicación e intereses.

A quienes vean dicho video más de un 50%, 75% o 95% (como prefieras), vas a enviarles un artículo en tu página web explicando más sobre el tema en cuestión.

Para ello harás una Audiencia Personalizada con dichas características.

A quienes lean tu artículo, les harás **retargeting** otra vez para invitarles a un webinar.

La primera vez fue para enviarles un video, la segunda para que vayan a tu blog, la tercera es para que vayan al landing page de registro del webinar que ofrecerás continuando sobre el tema.

Ese webinar puede ser para enseñarles a invertir en oro (continuando con el ejemplo).

Cuando se registran en tu webinar, debes enviarles una serie de correos electrónico que veremos en el siguiente embudo.

En esto consiste aumentar tu notabilidad mediante un embudo de ventas: solamente la gente que vio tu video y que leyó tu blog (gente realmente interesada) termina yendo a tu webinar. Inclusive, solo quienes asisten al webinar terminan viendo tu oferta.

¿Puedes notar como fuiste filtrando las personas no interesadas, así consiguiendo prospectos más calificados?

Embudo mínimo viable estilo Evergreen

Este embudo es una combinación de dos: uno que se llama "One Time Offer Funnel" y otro que se llama "Evergreen Funnel", un nombre otorgado por Jeff Walker para referirse al "lanzamiento constante" de un producto o servicio.

Normalmente cuando se funda una marca, se hace un evento o promoción de lanzamiento. Este embudo consiste en **siempre estar lanzando**. De hecho, esta es la automatización más recurrente ahí fuera.

Algo importante sobre los embudos es que se pueden combinar. Por ejemplo, tu Evergreen puede ser tomar el proceso de el embudo de aumento de notoriedad o el embudo de un eCommerce. Entremos en detalle:

Una persona ve tu publicidad que le lleva a un landing page de registro a un webinar. Va a pasar una de dos una vez allí: se registran o no. A los que no se registran, les hacer retargeting invitándoles a registrarse.

Cuando alguien se registra, le llegan tres correos:

- Uno de **confirmación** al webinar (al momento de registrarse).
- Uno de **recordatorio** antes de que empiece el webinar (unas horas antes).
- Uno de **replay** luego de que pasa el webinar (unas horas después o un día después).

A los que ven el webinar (sea porque asisten o porque ven el replay) les vas a llevar a una página de ventas, donde –otra vez– habrá gente que compra y gente que no.

Tanto a los que no van a la página web como a los que fueron pero no compraron, les haces retargeting invitándoles a aprovechar la oferta. Paralelo a esto les enviarás 4-5 correos:
- Uno de testimonios.

- Uno de preguntas frecuentes.
- Uno que explique las consecuencias de no aprovechar la oferta.
- Uno de que la oferta se acaba (asegúrate que sea cierto, que este correo se envíe pronto a la finalización de la oferta para ellos).

Ojo: estos los correos se paran cuando alguien compra.

Otra cosa que puedes hacer es ofertarles un producto más barato (a quienes no compraron). Esto se llama **downsell**. Por ejemplo, la inversionista en oro pudiera invitarles a un curso de $5 dólares por 5 días.

A quienes compran la oferta inicial (no el downsell), justo al terminarla les haces una oferta upsell **para llevarlos al siguiente producto en tu Escalera de Valor**.

Al mostrar tu upsells, pasarán una de dos cosas también: te lo compran o no. Es posible que hasta el 30% de tus compradores hagan esto.

Luego, a tus compradores les das amor y cariño enviándoles más correos de seguimiento, conversando con ellos y demás.

Embudo de un eCommerce

Cuando una tienda online quiere vender un producto, suele hacer promoción del mismo a un tráfico frío. Dependiendo de la industria el porcentaje de conversión haciendo esto ronda el 1-5%.

Una estrategia que estos negocios pueden utilizar es:

- Crear eBook o un artículo en su blog respondiendo a una necesidad concreta que su audiencia tiene.
- Al igual que en los otros embudos, enviamos dichas piezas de contenido a una audiencia fría (es decir, que no te conoce) segmentado por intereses.
- El objetivo de estas piezas de contenido es ofrecer un cupón de descuento por su primera compra o una muestra gratuita.
- Luego de aquí… ¡ya sabes cómo va! Empiezas con las campañas de email marketing más el retargeting para invitar a comprar.

Una nota final: Cuando estés haciendo tu embudo de ventas automatizado, es de suma importancia que consideres el contenido o información que ofrecerás **en cada etapa del embudo pirata (AARRR)**. Hacerlo así te facilitará mucho poder analizar el desempeño del mismo… y poder hacer optimizaciones.

Estrategia de email marketing

El email marketing es una de las herramientas más poderosas y de menor costo. Tal como su nombre lo indica, consiste en hacer marketing por correo electrónico.

Un estudio reveló que por cada dólar invertido en email marketing, hay un retorno de $32 dólares. Mi invitación para ti es que consideres esta estrategia dentro de tu plan de marketing, pues tiene grandes beneficios.

A mi parecer, el principal beneficio del email marketing es que te ofrece la oportunidad de posicionarte, crear y nutrir tu relación con tu audiencia (lo que te lleva a generar ventas).

Independientemente te lean o no, están leyendo tu nombre diariamente y te estás posicionando en sus mentes. Por otro lado, los que te leen están siendo edificados por tus contenidos. Ganar-ganar.

Evita crear un "boletín" o "newsletter" (que es lo que tradicionalmente se hace). Más bien, invita a tu audiencia a subscribirse a un contenido específico y que sea de valor. ¿En cuál te subscribirías: A o B?

a) Subscríbete a nuestro boletín y mantente informado de nuestras actualizaciones.

b) Subscríbete a nuestros tips diarios de emprendimiento y marketing digital donde aprenderás los secretos para escalar tu negocio.

Para construir tu lista, puedes ofrecer un webinar, hacer un evento, ofrecer un ebook gratuito o algo por el estilo que invite al usuario a registrase y recibir tus contenidos.

En la sección anterior hablamos sobre los tipos de correos que puedes crear. Recuerda siempre crear un buen copy (es decir, textos que sean persuasivos) que te permitan conectar con tu audiencia por correo.

Cómo crear contenido para redes sociales

Si quieres tener algún chance de prosperar emprendiendo en internet, formar una audiencia y posicionar una marca, Crear contenidos para redes sociales es 100% imprescindible en el largo plazo…

Sí, puedes vender mucho sin hacer marketing digital, pues el marketing tradicional y, sobre todo, las ventas seguirán funcionando en mayor o menor medida. Ahora bien, cuando se refiere a utilizar los canales digitales para crear fuentes de ingreso, crear contenidos no es una opción, pero un imperativo.

En esta sección hablaremos en perspectiva sobre crear contenido para redes sociales, independientemente del formato: sea que tengas un blog o una marca personal, una PyME o una corporación, aplicar estas recomendaciones te ayudará con tu embudo de ventas y la fidelización de tus clientes.

El contenido es parte de tu embudo pirata de ventas. Debes crear contenido para cada etapa del mismo

Muchas veces escuchamos decir "debes crear contenido", "si no estás en Instagram, no tienes negocio", "crea contenido para todos los canales", "crear contenido es la mejor inversión". Y esto es cierto. El secreto está en crear contenido a partir de una lógica de ventas (si tu intención es monetizar tu marca).

No obstante, el contenido que posteas en redes sociales es solo la punta de lanza. En primer lugar y como punto de partida, dedicar tanto tiempo, energía y dinero en crear contenidos deber partir de un **plan de marketing digital**, es decir, de una serie de objetivos, estrategias y tácticas para lograr objetivos específicos en tus medios digitales (Ya hablamos de esto unas páginas hacia atrás: crear contenido para cada etapa del embudo pirata).

Te contaré la historia de cómo aprendí esto: yo empecé a postear en Instagram (@eduardvelazquez, ¡sígueme!) en abril 2018. Como siempre me gustó el tema del liderazgo y del emprendimiento, empecé a crear contenido en frases y fotos personales con reflexiones al respecto. Algunas de ellas gustaron mucho y creé una colección interesante de contenido sobre el tema, tanto así que utilicé esas reflexiones para crear mi planificador semanal…

El problema con esto es que yo no soy coach, ni speaker motivacional ni facilitador corporativo –quienes suelen tocar estos temas–: yo trabajo como consultor en marketing digital, concretamente en investigación de mercados, eCommerce y growth hacking. Mucha gente entonces me empezó a ver como coach, lo cual me hace sentir honrado, pero no era ni mi oficio ni lo que quería comunicar. No me malinterpretes: el coaching es una GRAN carrera, solo que no es la que estoy siguiendo.

Me inscribí en el Programa DOERS de @geykerbustament. Como él es experto en la construcción de marcas personales, diagnosticamos y empezamos a darle un giro a mi cuenta.

Yo no sabía, nadie me contó que:
1. Yo puedo y debo utilizar mi marca personal para apalancar mi marca corporativa.
2. Mi cuenta personal también necesita un plan de marketing coherente con mis objetivos comerciales.

La creación de contenido sirve a tus embudos de venta: das a conocer tu marca y vas creando una audiencia. Algunos de ellos te siguen y consumen tus contenidos. Otros, te escriben para contratar tus servicios o adquirir tus productos.

La pregunta es, ¿cómo creo contenido para las etapas del embudo? Siguiendo un calendario editorial.

Calendario editorial

¿Te has fijado de que las cuentas exitosas hablan de distintos temas en distintos estilos? No me refiero a que publican una pieza en imagen, luego en video, luego en audio, etc. Aunque esto sí lo hacen, me refiero a que tienen dos cosas:

- Una serie de temas que abordan habitualmente.

- Unos estilos de contenido para dichos temas: a veces hacen chistes, a veces hacen frases inspiracionales, a veces hacen cuestiones educativas, a veces venden o promocionan un producto o servicio.

De hecho, estos son los cuatro estilos generales de contenido, también conocido como pilares:

- **Inspiracional**: contenido relacionado a los sueños y aspiraciones de tu audiencia.
- **Conexión**: contenido relacionado a conectar con la audiencia, humanizar la marca, involucrarlos, conversar con ellos.
- **Educativo**: contenido relacionado a instruir a la audiencia en tópicos relacionados a la marca.
- **Ventas**: contenido relacionado a la promoción y el llamado a la acción de compras.

Para trabajar contenido en redes sociales, debes **crear una serie de temas y presentarlos en distintos formatos**.

Para ello, identifica esas preguntas, necesidades o temas de interés de tu audiencia ¡y sé creativo creando contenido para ellos!

Nosotros creamos una plantilla para la creación de un **Calendario Editorial** (Disponible gratuitamente en el portal de recursos).

Seguir un calendario de contenidos (o editorial) te ayudará a seguir un ritmo en la creación de contenidos atractivos para tu audiencia. Esta es una de las formas más eficientes para generar tráfico en tu website y en tus redes sociales.

El Calendario Editorial es la programación de los contenidos a crear como parte de una estrategia de inbound marketing. Estos te van a ayudar a mover a tus clientes a través de tu Escalera de Valor.

Si te fijas, cada etapa de tu Escalera requiere que atraigas, conviertas o prospectes, eduques, cierres o deleites a tus clientes (potenciales o reales). Utilizar contenido para esto fines se llama **inbound marketing**.

Dosificación del contenido

Otra aspecto importante sobre crear contenido para redes sociales es una técnica para siempre tener contenido: **dosificarlo**.

¿Conoces lo que son derivados financieros? De manera muy resumida, es sacar un producto financiero de otro. Por ejemplo, digamos que eres abogado (tu profesión es una actividad que produce dinero) y decides escribir un libro. El libro es un derivado financiero de tu profesión. Luego, del libro decides crear un curso online y de dicho curso, decides crear un programa de asesoría legal.

Así como de una cosa mayor (ser abogado) salieron tres productos/servicios más, lo mismo puedes hacer con tu contenido. De hecho, en nuestro servicio de construcción de blogs y campañas de email marketing, solemos empezar a crear el **contenido fundacional o pilar** de la marca: esos tópicos de mayor relevancia de donde sale todo lo demás.

Sigamos con el ejemplo del abogado. Nosotros empezaríamos a trabajar con él tocando temas básicos y fundamentales: cómo funciona el sistema jurídico-legal, cómo y por qué necesitas un abogado, las principales cosas que dicen las leyes sobre ciertas cosas (como empresas, ONGs, impuestos, derechos humanos, etc.).

Del tópico de cómo funciona el sistema, salen quince artículos más (y no exagero…). Por ejemplo, en el primer artículo escribes sobre la jerarquía de las normativas: cómo y por qué la constitución es mayor que las leyes, las leyes de los decretos y los decretos de las ordenanzas. Luego, hacer un artículo hablando sobre la constitución: su estructura, historia, importancia, etc. Luego, sacas otro artículo profundizando en los derechos humanos que contempla la ley. Luego, profundizas en el derecho de la vivienda y cómo ese es un problema nacional.

¿Ves cómo de una pieza salen muchas más? Lo importante es validar esos contenidos haciendo una investigación de mercados (utilizando la misma metodología que vimos en este libro), la cual te llevará a otra técnica: **skycraper technique**.

Aprendí esta técnica de Neil Patel. Es muy sencilla e interesante: **analizas los contenidos de tu competencia** –por ejemplo, utilizando **Ubersuggest** o **Buzzsumo**– e identificas:

- ¿De qué temas ellos hablan?
- Dentro de sus artículos, ¿qué tópicos abordan?
- ¿Cuáles temas y tópicos ellos no abordan?

La idea es, fruto de esto, tu crear mejores piezas de contenido, sea porque abordas temas que ellos no o porque ofreces mejor información. Así logras **diferenciarte de tu competencia** con un mejor contenido para redes sociales.

Inbound marketing

El Inbound Marketing es una metodología diseñada para llevar personas desde no conocer tu marca hasta estar deleitadas por ella[7]. Esto ocurre en cuatro etapas cíclicas marcas por la creación de contenido: atraer, convertir, educar, cerrar & deleitar.

Atraer. Este es el primer paso de tu escalera de valor, el primer valor que añades a tus consumidores potenciales (leads) antes de que te compren. La idea principal es crear contenidos de interés que les dirijan hacia tu website o plataforma.

Convertir. Esta segunda etapa se refiere a utilizar técnicas y herramientas para que dicho prospecto se registre en tu base de datos a cambio de un contenido de valor más profundo o complejo.

Educación. Esta etapa consiste en continuar ofreciendo contenidos de valor, información útil para cada fase en su proceso de compra.

Cerrar. En esta etapa se genera la venta: tu prospecto adquirió tu producto/servicio.

Deleitar. La relación con el cliente no termina en la venta, sino que a partir de ella se busca mantener una relación con él: satisfacer cualquier necesidad que tenga con relación a lo que compró, fidelizarlo, que adquiera otros productos o servicios.

---

[7] Valdés, P. (2018). ¿Qué es el inbound marketing? Enero 5 2019, de Inbound Cycle Sitio web: https://www.inboundcycle.com/inbound- marketing-que-es

Uno de los secretos para tener éxito emprendiendo, es seguir un orden, un cronograma de trabajo con objetivos específicos… con disciplina y criterio.

Lo primero que debes hacer es definir qué es un prospecto para ti (la Adquisición en tu Embudo Pirata): ¿es alguien que se subscribe en tu lista de mailing? ¿Alguien que te expresa su interés de comprarte? ¿O qué?

Hecho esto, el siguiente paso consiste en **la identificación de posibles objeciones a la hora de comprarte**. Esto te servirá para ofrecerles contenidos –los cuales puedes automatizar– que inviten a adquirir uno de tus productos o servicios.

Digamos que te registras en la lista de mailing de tu dentista, quien primero te da nada más que una limpieza bucal. Ella empieza a enviarte contenidos más específicos, dada tus necesidades y tu calidad de cliente. Su información te empieza a crear conciencia sobre la necesidad de curar las caries a tiempo para que no te lleguen al nervio y necesites un tratamiento de canales.

Un posible cliente que dice "yo no tengo tiempo ni dinero para ello" o que dice "esto no es importante, yo lo hago después" recibe una respuesta de la marca a estas objeciones sin siquiera haber preguntado.

Quizás dentro de su lista de gente haya alguna que se sienta identificada y, sin pensarlo dos veces, agenda su cita para curar sus caries.

Entonces, ¿qué contenidos funcionan mejor para quienes están en tu etapa de Decisión y de Acción dentro de tu embudo? ¿Qué objeciones y/o falsas creencias tienen? ¿Qué ofertas puedes hacerles? ¿Por qué vía vas a comunicarles estos contenidos?

En lo particular –y es lo que recomendamos a nuestros clientes de este servicio– prefiero utilizar email marketing o WhatsApp para este tipo de contenidos, aunque no lo descartaría para redes sociales.

3 errores comunes al crear contenido para redes sociales

Para concluir, hablemos un poco de 3 errores comunes en la creación de contenido:

#1 No involucrar al equipo en el plan: Créeme que tu equipo de trabajo tiene MUCHO que aportar, no solo en tu plan de contenidos, pero en TODA la planificación de la empresa. ¡Escúchalos!

Tener una reunión con tu equipo para planificar y crear cosas juntos aumentará el sentido de pertenencia y la cohesión del mismo. Para lograr sus objetivos, es mejor trabajar en equipo y con sinergia.

#2 Crear un plan inflado: En otras palabras, plasmarse objetivos irreales o inconvenientes. Te recomiendo completamente hacer un plan retador, que quite el sueño, pero que puedan lograr como equipo. La película Coach Carter es un buen ejemplo de esto.

#3 No medir el progreso: Ya lo habíamos hablado… Un error muy común es no medir nuestro progreso. Por eso, debemos llegar nuestros indicadores clave de desempeño.

¿Sabes otra de las cosas importante sobre crear contenido para redes sociales? **¡Que es MUY divertido!** Crear contenidos para redes sociales, no importa cuál, es toda una experiencia, toda una aventura. Se aprende mucho, se superan muchos retos, se desarrolla mucha disciplina y se comparte mucho con los demás.

De hecho, nos encanta trabajar con las marcas para ayudarles a construir su blog y hacerles campañas de email marketing, no solamente los vemos crecer, pero nos divertimos mucho.

Usa la siguiente matriz para programar la creación de contenido.

#	Pilar	Contenido o título	Plataforma	Hashtags o palabras clave	Fecha de publicación

Crea la marca

Una "marca" es el sello distintivo de una empresa, producto o persona. Tú tienes una marca: tu nombre, tú reputación, quién eres. Y lo mejor de todo: eres único/a.

En esta sección no vamos a diseñar tu imagen corporativa ni tu logo, sino más bien la esencia de tu marca. Previo al diseño gráfico, se debe hacer este ejercicio de manera que éste tenga relación con lo que realmente se quiere comunicar.

Vamos a responder algunas preguntas para construir tu marca.

Tipo: ¿Es personal o corporativa?

Nombre: Nombre de la marca

Edad: Tu edad (para marcas personales)

Género: Tu género (para marcas personales).

Audiencia: ¿A quiénes hablas? ¿A qué población va dirigido tu mensaje?

Esencia: ¿Qué es la marca? ¿Cuáles son sus características principales?

Valores: ¿Cuáles son tus principales valores como marca?

Causa/Mensaje: ¿Qué quieres comunicar? ¿Qué mensajes o ideas quieres transmitir?

Propuesta única de ventas: En una frase u oración, ¿qué valor añades? ¿Qué ofreces? ¿Por qué eres único/a y atractivo/a?

Beneficios: ¿Cuáles beneficios prometes como marca?

Personalidad/Tono comunicacional: ¿Cómo habla la marca? ¿Formal? ¿En primera persona? ¿En un volumen alto? ¿Cómo?

Canales donde estará: ¿Por donde te vas a promocionar? ¿Redes sociales? ¿Cuáles? ¿Email marketing? ¿Un blog?

"Si miras realmente de cerca, la mayoría de los éxitos 'de la noche a la mañana' tomaron mucho tiempo".
– **Steve Jobs**

Formula tu marca

Tipo: Esta marca es...

a) Personal   b) Corporativa

Nombre de la marca: _____

Edad: _____ | **Género:** _____

Audiencia: ¿A quiénes hablas? ¿A cuál(es) población(es) o audiencia(s) va dirigido tu mensaje?

_____

Esencia: ¿Qué es la marca y cuáles son sus características principales?

_____

_____

_____

Valores: ¿Cuáles son tus principales valores como marca?

1. _____
2. _____
3. _____

Causa/Mensaje: ¿Qué quieres comunicar? ¿Qué mensajes o ideas quieres transmitir?

_____
_____
_____

Propuesta única de ventas: En una frase u oración, ¿qué valor añades? ¿Qué ofreces? ¿Por qué eres único y atractivo?

_____
_____

Beneficios: ¿Cuáles beneficios prometes como marca?

_____
_____
_____

Personalidad / Tono comunicacional: ¿Cómo habla la marca?

_____
_____

Canales donde estará: ¿Por dónde te vas a promocionar?

_____
_____
_____

Paso IV:
Después de empezar

"Aprovecha la oportunidad. Toda la vida es una oportunidad. El hombre que llega más lejos es generalmente es el que está dispuesto a trabajar y arriesgarse".
– **Dale Carnegie**

Datos para la optimización

El empresario Dan Peña, uno de los hombres más ricos del mundo, dijo una vez **"lo que se mide se cumple. Sin mediciones te estás engañando a ti mismo"**.

Emprender sin medir es emprender a ciegas, la cual puede manifestarse en dos sentidos:

a) No comprendes tu mercado.
b) No tienes la menor idea de cómo vas.

En el primer caso, la solución empieza con una investigación de mercados. La segunda, llevando indicadores de desempeño y utilizando los datos que produce tu empresa para hacer optimizaciones de manera constante que resulten en grandes resultados. De estos hablaremos en esta sección. Esto se le conoce como **Growth Hacking**.

Una breve introducción al Growth Hacking

El Growth Hacking es un arte y una disciplina a la vez. Así como el marketing o la publicidad, requiere de mucha analítica, creatividad, innovación y, muy a menudo, poco presupuesto (debido a que su propósito principal es **crecer un negocio de la manera más efectiva al menor presupuesto**).

Si lo fuéramos a definir en español, la traducción más literal sería "hackeo del crecimiento" o algo como "**optimización de marketing y crecimiento**". Más allá de la traducción, definamos

Growth Hacking como: **la disciplina dentro del marketing enfocada en hacer crecer un negocio, plataforma o marca utilizando datos y creatividad para potenciar exponencialmente sus resultados**. Más adelante veremos ciertas técnicas de cómo se ve esto en la práctica.

En las palabras de Sean Ellis (quien acuñó el término por primera vez), un *growth hacker* (quienes se especializan en esta disciplina) es "una persona cuyo norte real es el crecimiento".

Todo negocio necesita crecer, mientras que necesita ser administrado correctamente. Muy a menudo sus fundadores o dueños, así como sus gerentes se ven envuelto a una operatividad absolvente de las prioridades de crecimiento y el logro de los objetivos del mismo.

El Growth Hacking nace como respuesta a dicha necesidad: **consiste en tener un equipo enfocado en hacer crecer el negocio y lograr metas bien concretas**.

Distintas razones pueden llevarte a hacer growth hacking: quieres lanzar un producto nuevo, sientes que tu negocio está estancado, no comprendes a tu audiencia… **y necesitas aplicar estrategias para crecer**.

Se trata de desarrollar una mentalidad de crecimiento de la empresa utilizando datos para optimización.

Te haré una ilustración según un caso reciente que estamos trabajando actualmente con un cliente: **su eCommerce tuvo 12 mil visitas y 15 mil sesiones pero tuvo 8 transacciones en el sitio web**. Es bastante obvio que algo no anda bien.

Lo primero que hicimos fue hacer un diagnóstico en un informe de gestión utilizando la data de **Google Analytics** y otras plataformas. Obtuvimos varios insights:

- La marca estaba enfocando su publicidad paga en la audiencia equivocada.
- El tráfico orgánico por motores de búsqueda fue similar al tráfico pago en los mismos.
- Dichos usuarios orgánicos, así como los que llegaron por referidos son los que mayor probabilidad de compra tienen, pues son los que más objetivos en el sitio web cumplen.
- Muchos fueron al sitio web, vieron el producto pero completaron la transacción directamente en la tienda o por una transferencia bancaria.
- Se hacía imprescindible una estrategia de contenidos para informar al usuario y ayudarle a tomar decisiones de compra.
- Entre otras cosas.

¿Como un growth hacker solucionaría estas problemáticas? Tiene que ver exactamente con sus funciones principales:

- Análisis y recolección de datos de usuarios.
- Diseño de estrategias creativas y estratégicas de crecimiento.
- Realización de experimentos como **Tests A/B** con la finalidad de validar o refutar hipótesis sobre el consumidor.
- Mantener el enfoque de hacer crecer la empresa en el tiempo.

Continuando con el caso anterior, posiblemente las siguientes estrategias servirían para solucionar sus problemáticas:

- Rediseño de la experiencia de usuario (UI/UX) de la tienda online. Dicho diseño luego será validado con un mapa de calor/clicks, grabaciones de las sesiones y varios experimentos.
- Diseño de una estrategia de inbound marketing.
- Descarte de la publicidad SEM y potencialización del tráfico orgánico (SEO).
- Creación y aplicación de embudos de ventas para dos públicos:
  - Para quienes compran en la página web.
  - Para quienes prefieren ir a la tienda.
- Entre otras cosas.

La aplicación de estas estrategias tiene el propósito doble de, por un lado, **reducir la cantidad de gente que llega al sitio web que no está interesada en comprar** (churn) y **aumentar la tasa de conversión** (obtener más prospectos calificados y aumentar las ventas).

La razón por la cual decimos que esta disciplina es un arte, es porque no existe una fórmula mágica que funcione para caso y para cada negocio. Más bien se cuenta con una serie de **principios** (como el partir de un diagnóstico) y de **técnicas** (como los experimentos) **para ser aplicadas en distintas ocasiones**.

En mi experiencia como investigador de mercados por 8 años, puedo decirte que es muy rectificante poder ser negocios crecer cuando las estrategias y diseños basados en datos funciona.

Si estás en serio con generar resultados en tu negocio, en algún momento necesitarás aplicar estas estrategias para hacerlo crecer. No me atrevería a decir que todo emprendedor debe ser un growth hacker, pero sí desarrollar la cultura de medir su progreso y de buscar mejorar.

Construye un banco de aprendizaje

¿Sabes una de las mayores aplicaciones prácticas de llevar estos datos? **No repetir los mismos errores**. Tengo una experiencia con esto: en el 2015 fui Director Nacional de Investigación Social de una ONG. Nosotros realizábamos estudios de pobreza y hacíamos monitoreo & evaluación de programas y proyectos.

En la organización teníamos la cultura de evaluar el desempeño de cada proyecto al concluir el mismo. Recuerdo que uno de los voluntarios escribió como aprendizaje "el pan nunca sobra" en la primera investigación que hicimos. Tomamos eso en cuenta para que no volviera a pasar.

En otra ocasión nos dimos cuenta de que el proceso de investigación tenía mucho que mejorar. Nuestro insumo para ello fue el registro de los aprendizajes y acciones de los proyectos anteriores. Cuando salí de la organización –y para mi sorpresa– nos felicitaron como equipo por la eficiencia que habíamos logrado.

¿Ves el poder que tiene crear esto como cultura en tu empresa? ¿Qué tal si no cometieran vez tras vez los mismos errores? ¿Qué tal si, al registrar su desempeño y sus aprendizajes, pudieran cada vez tomar mejores decisiones y obtener mejores resultados? **Este es el fundamento de la optimización basada en datos**.

Principales indicadores de desempeño

Ahora bien, ¿Cómo vas a medir tu progreso? ¿Cómo vamos a saber si avanzamos, estamos estancados o retrocedimos? ¿Cómo vamos a saber si nuestros esfuerzos están dando frutos?... ¡Midiendo indicadores de desempeño!

En inglés se conocen como KPIs (Key Performance Indicators). Su objetivo es establecer un parámetro a seguir, a partir de los objetivos, para poder comparar el desempeño que vamos teniendo en distintos bloques de tiempo.

El cuadro a continuación es un ejemplo de una matriz de KPIs. Ponemos 3 indicadores a ver medidos entre los meses de enero, febrero y marzo. El primero se mide por porcentajes (%) y el resto por cantidad.

Si te fijas, cada indicador tiene un parámetro establecido o planificado para ese período (esto lo vemos en la columna que dice "Plan"), pues es frente a dicho parámetro que vamos a evaluar nuestro progreso.

En el cuadro verás una columna que dice "real", la cual se refiere al desempeño que tuvimos en dicho indicador para un período de tiempo. Por ejemplo, en el mes de enero quisimos aumentar la tasa de conversión de un landing page a un 15%, pero alcanzamos un 13%. Los resultados que están en rojo son los que no llegaron al parámetro establecido.

¿Por qué esto es importante? Porque te permite realizar ajustes en el tiempo. Para estos 3 indicadores no fue hasta el mes de marzo que pudimos alcanzarlos todo. Si estuviéramos trabajando en dichos indicadores, al final del mes de enero sabemos que ajustes son requeridos para alcanzar la tasa de conversión deseada del landing page y la cantidad total de subscriptores en el boletín.

Indicador	Enero		Febrero		Marzo	
	Plan	Real	Plan	Real	Plan	Real
Tasa de conversión del landing page	15%	13%	20%	18%	23%	23%
Cantidad de seguidores nuevos	500	555	600	434	700	839
Cantidad total de subscriptores	5,000	4,658	6,000	6,099	7,500	7,503

Estos KPIs son ejemplos específicos de marketing. No obstante, los mismos deben ser llevados a otras áreas de la empresa. Aquí te enlisto unos cuantos ejemplos:

Indicadores de ventas

- Cantidad de prospectos generados.
- Porcentaje promedio de cierre de ventas.

Indicadores del website
- Cantidad de visitas únicas.
- Tasa de rebote.

Indicadores financieros
- Facturación total anual.
- Rentabilidad total anual.

5 indicadores que toda marca debe medir

Veamos pues 5 indicadores macros que te ayudarán a conocer el estado de tu negocio. Cada uno de ellos tiene una serie de sub-indicadores.

#1: Flujo de efectivo

Una vez estaba yo en el local de un cliente. En un momento de la conversación, la dueña me cuenta de una pérdida financiera que tuvo en un trimestre, dada una situación que vivieron.

Ella pudo explicarme con lujo de detalle c-a-d-a centavo que perdió, fechas, nombres de los clientes, etc., gracias a que lleva con mucha disciplina los números de su negocio… sobre todo los financieros.

La primera cosa que toda marca debe medir es su **flujo de efectivo**.

Hay muchos indicadores que puedes llevar, desde los más complejos hasta los más sencillos, por ejemplo:

- **Facturación mensual**: el total de facturas que emites mensualmente.
- **Tasa de cobros mensual**: de dichas facturas, el monto y el porcentaje de lo que se cobra.
- **Gastos mensuales**: cuánto gastan mensual y en qué.
- **Rentabilidad neta**: la ganancia neta de la empresa, es decir, todo lo que queda luego de gastos e impuestos. Esto se puede calcular mensual, trimestral, semestral o anual.
- **Ahorros o capital acumulado**: La cantidad de dinero ahorrado y/o activos de la empresa.

Medir estos indicadores financieros te va a ayudar a conocer tanto la liquidez como la rentabilidad de la empresa. Puede ser que estén vendiendo mucho pero teniendo poca rentabilidad.

Una vez conocí a un caballero que facturó casi $400,000 dólares un año y lo terminó con una deuda de $30,000 dólares. Justo se dio cuenta de esto al terminar el año, no durante.

Por el contrario, mi cliente tuvo un contexto claro e insumos de información precisos que le ayudaron a tomar decisiones rápidas y trazar un plan de acción para mitigar la pérdida de dicho trimestre tan pronto como el trimestre siguiente. Sin esa información su historia hubiera sido otra.

#2: ROI/ROA

El segundo indicador se conoce en inglés como Return of Investment, es decir, Retorno de la Inversión. Este indicador, en esencia, mide la rentabilidad de una inversión.

La fórmula para calcularlo es la siguiente:

ROI = (Beneficio – Inversión) / Inversión x 100

Digamos que invertiste $10,000 dólares en una campaña de marketing, la cual produjo $22,000 de facturación.

ROI = (22,000 – 10,000) / 10,000 x 100 = 120%

Esto te dice que por cada dólar invertido te **ganas 1.2.**

Otro indicador similar al ROI es el ROA, es decir, Return of Advertisement. Este indicador se aplica concretamente a la publicidad dentro de la campaña, pues la publicidad no es lo único que produce dinero dentro de una campaña de marketing.

Digamos que en la misma campaña anterior, donde invertiste $10,000 dólares, sacaste una partida de $5,000 para Facebook o Google Ads. El ROA te dirá específicamente de esa cantidad de dinero, primero, qué facturación está produciendo dicha publicidad y, segundo, qué ganancia.

En ese renglón también caben otro indicador más: el **Customer Lifetime Value**. En vista de que no todos los clientes son creados iguales, debemos calcular el ingreso promedio que cada uno te genera.

Para calcular este indicador, debes tener en cuenta tres variables:

- Duración de los usuarios o clientes como "activos".
- Cantidad de compras realizadas en tiempo de actividad.
- Monto de las compras realizadas en dicho tiempo.

Luego, para calcularlo:

Paso #1. Al final de cada período, deben recopilar las fuentes de información.

Paso #2. Luego se debe calcular el tiempo promedio de actividad de los usuarios y la facturación promedio del total de usuarios en el Marketplace.

Paso #3. Se debe dividir el monto promedio de facturación por el tiempo promedio de actividad.

#3: Tasa de conversión en el embudo

Como vimos en más temprano en este libro, el principal objetivo de dichos planes es mover a tu nicho de mercado a través de tu embudo de ventas.

Si bien hay muchos tipos de embudos, cada etapa del mismo va generando **conversiones** (entendiéndolas como la acción de pasar a una persona de una etapa del embudo a otra), las cuales debes medir.

Toma el Embudo Pirata. ¿Qué porcentaje de gente pasa de la Adquisición a la Activación? ¿Y de la Retención al Referimiento? Esto debes medirlo, pues hacer esto puede ayudarte a identificar fortalezas y debilidades dentro de cada etapa. Es posible que estés teniendo un buen alcance y haya mucha gente interesándose (personas que llegan a la etapa de Adquisición), pero no te compra ni el 1% (la etapa de Revenue). En ese caso, hay etapas del embudo que están siendo efectivas.

Importante: ese porcentaje de conversión esperado variará mucho de industria en industria. Te recomiendo trabajar con los porcentajes promedio que más se ajusten a tu tipo de negocio, país, industria, etc.

Cada embudo de ventas te va a generar **tres tipos de prospectos**:

- **Comprador inmediato**: Gente que te comprará en el momento.
- **Comprador futuro**: Gente que te comprará en el futuro.
- **No comprador**: Gente que no te comprará.

Esto lo puedes medir de la siguiente manera: La fecha en la que esa persona se registró VS la fecha en la que te compró.

Conforme a tu tipo de negocio, establece rangos:

- **Comprador inmediato**: Persona que compra entre las primeras dos semanas que se convierte en prospecto.
- **Comprador futuro**: Persona que compra entre los primeros seis a doce meses que se convierte en prospecto.
- **No compradores**: Persona que, luego de doce meses, no ha comprado nada.

Hay muchos factores por los cuales una persona puede comprar o no. Tu trabajo es comprender qué funciona y qué no para poder tomar decisiones que te generen los resultados esperados.

Por ejemplo, quienes te compraron más lo hicieron fruto de una oferta que lanzaste, pero los No compradores se generaron fruto de una mala segmentación.

Otro indicador en este mismo sentido, es el "**Throughput**", definido como la tasa de conversión de usuarios (o gente que a penas te conoce) en compradores.

Para calcular este indicador, debes tener en cuenta tres variables:

- **Alcance que tuvo la oferta**: cantidad de visitantes orgánicos no-compradores, cantidad de personas alcanzadas por publicidad o contenidos orgánicos.
- **Prospectos**: Cantidad de personas calificadas como prospectos y prospectos calificados.
- **Compradores**: Cantidad de prospectos que generaron una compra.

Los pasos para calcularlo son:

- **Paso #1**. Se debe sumar mensualmente o anualmente (el plazo que prefieras) el alcance de los contenidos y ofertas a través de distintas plataformas, así como el tráfico que obtiene.
- **Paso #2**. Tras clasificar el alcance y el tráfico según su tipo, se dividen estos totales con la cantidad de prospectos generados.
- **Paso #3**: Se divide el total de prospectos generados entre la cantidad de ventas realizadas. Luego lo multiplicas por 100.

Importante: El análisis incluye la inversión financiera realizada por la empresa en cada elemento.

#4: Engagement y ventas

Engagement

Si lo traducimos literalmente, engagement significa **"enganche"**. Se refiere a la conexión que tiene tu audiencia contigo, con tu marca y/o con tu contenido.

Hay herramientas que hacen esto automáticamente para redes sociales. Algunos de los indicadores más comunes en redes sociales son:

- **Alcance**: cantidad de personas únicas a las que llegan tus contenidos.
- **Impresiones**: Cantidad de veces que estas personas vieron el contenido publicado.
- **Engagement**: Sumatoria de interacciones con la publicación dividido entre el alcance.
- **Click-through-rate**: cantidad de clicks que generó la publicación dividido entre las impresiones que tuvo.

Este último también se encuentra en eMail Marketing, así como la tasa de apertura de tus correos y el ROI de los mismos.

Estos te servirán para conocer qué tan cercana está la marca a la audiencia, qué tanto les interesa este contenido y cómo puedes servirles mejor.

Ventas

Es más fácil venderle una segunda vez a una persona o cliente que quedó satisfecho que generar una primera venta. En lo particular, tengo un cliente que me ha comprado más de 30 veces en los últimos 8 años.

Esto también lo saben grandes empresas de comida rápida con sus ventas cruzadas o upsells.

Un upsell es cuando vas allí, pides una hamburguesa sola y la cajera te pregunta si quieres papas fritas y refresco (gaseosa). Cuando le dices que sí, se generó un upsell.

Pero digamos que le dices que no. Ella entonces te ofrece un postre, el cual sí compras. A esto se llama un downsell.

Otra serie de indicadores que debes de medir son tus ventas, tus reventas, tus upsells y downsells (si tienes).

- ¿Cuántas ventas generaste?
- De esas, ¿cuántos son clientes nuevos y cuántos son clientes anteriores?
- De los que compraron, ¿a cuántos les ofrecimos una oferta mayor (upsell/downsell)?
- De los que les hicimos esta oferta, ¿cuántos compraron?
- ¿Cuáles canales de ventas fueron los que mayor venta generaron? ¿Por qué?

Si te fijas, estos indicadores son parte de los que tenemos en el embudo de ventas. Aquí estás profundizando un poco más en tus ventas.

#5: Costo de adquisición de clientes (COAC)

Por último –y no menos importante– tenemos el costo de adquisición de clientes (COAC). A cada marca vender le cuesta, tanto tiempo como energía como dinero.

La magia del upsell que hablamos anteriormente está en que la primera venta te cubrió el costo de adquisición de clientes de la segunda o la tercera. Volviendo al ejemplo de la hamburguesa: ésta cubre el costo de ventas de las papas fritas y la bebida.

Este indicador se calcula con la siguiente fórmula:

Costo de Adquisición de Clientes = Inversión en marketing y ventas / Cantidad de ventas generadas

Digamos que invertí $100 dólares en una publicidad de Facebook con la finalidad de vender un producto. Esa inversión generó 12 ventas.

$100 / 12 = $8.33

En este ejemplo, mi CAC es de $8.33. Hipotéticamente hablando, si quisieras conseguir 100 clientes, deberías invertir $833 dólares en una campaña publicitaria.

Crea un proceso

Si bien solemos estar bien ocupados en los afanes del negocio, sacar tiempo para revisar tus números es imprescindible.

Los doctores trabajan con números. Lo primero que hacen es diagnosticar vía estudios (de sangre, de orina, etc.).

Los ingenieros civiles trabajan con números. Si no, ¿cómo pudieran construir sus edificios?

Los mercadólogos, empresarios y emprendedores también. Si no, ¿cómo pudieran medir el progreso de sus negocios? ¿Cómo pudieran saber cómo les va?

La buena noticia es que la mayoría de estos números se pueden automatizar gracias a las plataformas digitales. Mi recomendación para ti es que crees un proceso automatizado para ello, de manera que puedas sentarte con tu equipo a revisarlos con regularidad.

De experiencia te digo: si no sacas tiempo para ello, nunca lo vas a hacer. Esta tarea es MUY fácil de posponer. El problema con ello es que podemos terminar como el caballero de los $400,000 dólares que te conté anteriormente...

Como regalo, descarga esta matriz con una lista de indicadores de desempeño que podrás adaptar a tu negocio y sus distintas áreas. La misma también incluye una plantilla donde podrás diseñar tus indicadores con mayor detalle.

==> Matriz de KPIs en www.eduardvelazquez.com/emprende

"Emprende como si fueras un rey sirviendo a su reino; tu compromiso es liderar y servir a tu equipo".
– **Eduardo Velázquez**

Diseña tus indicadores

Para crear tus indicadores, sigue los siguientes pasos:

Nombre del indicador: _____

Tema del indicador:

- Marketing & Ventas
- Legal
- Finanzas
- Equipo
- Servicio al cliente
- Operaciones
- Otro

Tipo de medición:

- Cantidad
- Porcentaje
- Promedio
- Cualitativo
- Otro

Frecuencia de la medición:

- Diario
- Semanal
- Mensual
- Trimestral
- Anual
- Otro

Fuente de información:

- Elaboración propia
- Registros de la empresa
- Información obtenida/descarga de una plataforma
- Otro

Una vez hayas definido estos puntos, define una meta que, en coherencia con tus objetivos, establezca un parámetro de medición de dicho indicador en el período de tiempo establecido. Por ejemplo, si tu indicador es de la cantidad de ventas mensuales del año en curso, la tarea consiste en establecer una meta de ventas para cada mes.

Por otro lado, ten en cuenta que **estos indicadores no se miden solos**. Algo que en lo particular me ha funcionado (y es lo que hago actualmente) es ir acumulando los registros a lo largo del mes y procesarlos todos al final del mismo. Lo hago así porque la mayoría de mis indicadores son mensuales. No obstante, si tienes uno semanal, ¡aplica la misma lógica!

Otra cosa que me gusta hacer (y que te recomiendo), es hacer cortes trimestrales, semestrales y anuales de los mismos. Muchas organizaciones hacen una memoria anual, otras hacemos (me incluyo) un reporte anual de desempeño.

Si no quieres repetir 10 veces el mismo año, debes tomar acciones distintas. Medir tu progreso en el tiempo te permitirá tener insumos ricos para poder evaluar acertadamente su desempeño. **Créeme que ver tus números explicarán muchos de tus resultados**.

Crear una cultura de constante retroalimentación interna (de los registros, de los equipos) y externa (de los clientes, proveedores, etc.) es una de las tareas principales de un líder. Esto requiere humildad y sabiduría, y realmente ayuda a crecer.

"La disciplina es el puente entre las metas y los logros".
– Jim Rohn

¿Qué hacer si el negocio no funciona?

Ya vamos concluyendo este libro. Hemos recorrido un largo camino hasta aquí.

Mi intención en esta sección es ofrecerte algunas tácticas de qué hacer cuando tu negocio no funcione. Cuenta con ello: en algún momento algo saldrá mal. En vez de negarlo, es mejor aceptar esta realidad y prepararte para ello. Un viejo adagio dice "guerra avisada no mata al soldado".

Entonces, ¿qué hacer si el negocio no funciona?

#1 Diagnostica

Un doctor lo primero que hace cuando un paciente muestra síntomas, es diagnosticar. Y para ello **utiliza números**. Lo primero que debes hacer en estos casos es encontrar dónde está y cuáles son las fallas de la Fábrica.

Revisa tus indicadores financieros, de ventas, de equipo, de marketing, etc. También **habla con tu equipo**: ellos probablemente sepan cuál o cuáles son los problemas.

Digamos que el problema son las ventas (que hay pocas). Revisa con detalle los indicadores de esta área:

- ¿Cuántos prospectos nuevos tenemos cada semana?
- ¿Cuál es el porcentaje de cierre de ventas?
- De lo que se vende, ¿cuánto queda de ganancia?

- ¿Cuántas llamadas, correos, campañas publicitarias, visitas, etc., se hacen al día?
- ¿Dónde dentro del embudo de ventas tienen la mayor cantidad de salidas (prospectos que no compran)?
- ¿Cómo se comporta el usuario?

También es fundamental medir el embotellamiento. Si miras que dentro de tu embudo de ventas la mayoría de gente se sale al momento de pagar, allí tienes un embotellamiento.

Esto también aplica en el proceso operativo. Quizás el problema no sea de ventas, si no de entrega a los clientes. ¿Es en el envío o en la producción? ¿El re-trabajo te está consumiendo todo el tiempo y la rentabilidad?

En fin, la clave es **diagnosticar**.

#2 Planifica soluciones

Con tu equipo, tracen planes de acción para producir los resultados esperados, es decir, resolver dichos problemas de la manera más rápida y efectiva posible.

Pero evita a toda costa la parálisis por sobre-análisis.

#3 ¡Experimenta otra vez!

Por último, experimenta. ¿Recuerdas cuando hablamos de experimentar en el modelo de negocio? Crea experimentos nuevos, aplícalos también a tus productos y servicios; aprende y optimiza hasta que encuentres una solución.

Recuerda siempre pedir apoyo a gente con mayor experiencia y/o resultados que tu en tu área.

En lo particular, ¡siempre estamos dispuestos a apoyarte!

"Crear una cultura empresarial de constante retroalimentación requiere de mucha humildad y sabiduría… y realmente ayuda a crecer".
– Eduardo Velázquez

"La riqueza es una corona para los sabios; el esfuerzo de los necios solo produce necedad".
– Proverbios 14:24 NTV

Resume tus objetivos

¡Ya has llegado al final de esta Guía! Qué alegría nos da.

Antes de irte, queremos que tengas claro cuáles son tus principales objetivos en este nuevo proyecto. Así que lo que vamos a hacer ahora es escribir un resumen de nuestros objetivos principales:

1. _____
2. _____
3. _____
4. _____
5. _____
6. _____
7. _____
8. _____
9. _____
10. _____

Solo queda un paso más: **Comprometerte a lograrlo**.

"La riqueza lograda de la noche a la mañana pronto desaparece; pero la que es fruto del arduo trabajo aumenta con el tiempo."
– **Proverbios 13:11 NTV**

Reflexión final

¡Felicidades por llegar hasta aquí! Oficialmente concluiste tu Guía Básica para Emprender con éxito y queremos reconocerte por ello. Como te dije en la introducción, los premios de la vida están al final de la jornada; la tuya recién comienza.

Concluir esta Guía no es más que un inicio hacia un futuro mejor. Esperamos que estas páginas te hayan servido de inspiración y educación para lograr tu visión personal y dejar este mundo mejor de cómo lo encontraste. Creemos que todo el mundo tiene algo que aportar y tu, con esta idea de negocios, vas a servir a muchos con el favor de Dios.

Que este libro te acompañe constantemente en tu devenir emprendedor. Como bien dice su nombre, es una Guía, la cual debes ir consultando y rediseñando cada vez.

Ningún emprendimiento termina tal cual se planificó. Por eso te invitamos a que rumearla y regurgitarla varias veces. Continúa educándote, creciendo por dentro y por fuera. Asiste a eventos, haz los cursos online, lee libros, entra a un mastermind. Lo que quieras...

¡Hay mucho por aprender!

Esperamos verte pronto. No dudes en hacernos llegar tu historia de éxito, pues tu crecimiento es nuestra motivación diaria.

Un abrazo,
Eduardo Velázquez

Anexo I: Tu website

En esa sección hablaremos sobre tu página web, la cual es la carta de presentación y la principal herramienta de ventas de un negocio digital.

Cuando se trata de tu website, solo tienes cinco segundos para lograr conectar con el usuario (la persona en tu página) y hacerle entender qué haces y cómo puedes servirle. El experto del marketing y autor, Donald Miller, explica cinco cosas que tu website debería incluir, a saber:

1. **Un eslogan claro de entender.**
2. **Un llamado a la acción obvio.**
3. **Expresar visualmente el éxito de tu cliente si ellos usan tu producto o servicio.**
4. **Desglosar en categorías pequeñas tus productos y servicios.**
5. **Tu website debe comunicar el storytelling de tu marca.**

En adición a esto, el gurú del marketing digital, Neil Patel, recomienda incluir un popup para la captación de los correos de tus prospectos. Ahora bien, para crear una página web necesitaras un Content Management System (CMS), plataformas como WordPress, Shopify, Wix, Squarespace, MailChimp son de las más famosas. Para ello debes tener un dominio y, dependiendo de la plataforma que utilices, un servicio de hosting.

Tan pronto tengas contenido para publicar y una imagen corporativa, ¡crea tu página web! Es de las primeras tareas que se deben hacer.

Anexo II: Listado de recursos

Plantillas

- Plantilla para un Plan de Viabilidad.
- Plantilla de Presupuesto anual de una empresa.
- Plantilla de Contabilidad básica.
- Plantilla Matriz de KPIs.
- Plantilla Calendario Editorial.
- Plantilla de Análisis de la Competencia.
- Plantilla Plan de Marketing.
- Plantilla de Presentación para Inversionistas.
- Plantillas de email marketing.
- Artículo Pasos del SEO para eCommerce.
- Articulo Cómo hacer una tienda online en WooCommerce.

Cursos

- Curso de Emprendimiento en Semi-Automático.
- Curso de Ventas.
- Curso de Productividad.

Sobre el autor

Eduardo Velázquez es un emprendedor dominicano, millenial, con más de 7 años trabajando Investigación de mercados y el marketing digital como sociólogo. En la actualidad se dedica al eCommerce de infoproductos, libros y notebooks, así como a la consultoría en sus áreas de experiencia.

Es el Fundador de Zume, plataforma de educación y servicios en investigación de mercados y marketing digital que te ayuda a entender el mercado y conectar con él.

Instagram: @eduardvelazquez

Correo: hola@eduardvelazquez.com